Och, es dat schön!

Herausgegeben von der

Akademie
för uns kölsche Sproch

der SK Stiftung Kultur
der Sparkasse KölnBonn

Och, es dat schön!

Eine Gegenüberstellung älterer
kölscher Texte
Band 2

Herausgegeben von der

Akademie för uns kölsche Sproch

gesammelt und in die kölsche
Orthographie der Akademie för uns
kölsche Sproch gebracht von

Rudi Renné
&
Hans-Jürgen Jansen

J.P. BACHEM VERLAG

Impressum

**Bibliografische Information der
Deutschen Nationalbibliothek**
Die Deutsche Nationalbibliothek verzeichnet diese
Publikation in der **Deutschen Nationalbibliografie**;
detaillierte bibliografische Daten sind im Internet über
http://dnb.d-nb.de abrufbar.

1. Auflage 2009
© J. P. Bachem Verlag, Köln 2009
Einbandgestaltung: Heike Unger, Berlin
Reproduktionen: Reprowerkstatt Wargalla, Köln
Druck: Grafisches Centrum Cuno, Calbe
Printed in Germany
ISBN 978-3-7616-2349-7

Mit unserem **Newsletter**
informieren wir Sie gerne
über unser Buchprogramm.
Bestellen Sie ihn kostenfrei unter
↗ **www.bachem.de/verlag**

http://www.koelsch-akademie.de
http://www.sk-kultur.de

Inhaltsverzeichnis

Vorwort 11

Abkürzungsverzeichnis 13

Anonym
De Krepp es leer 14

Berchem, Peter
Chressbaumsleid 16
Et Fröhjohr kütt 18
Klatschruse 20
E Möschebegräbbnis 24

Blank, Jupp
Krütz ohne Drei 28
De Sod 32

Block, Christina
Däm Fressklötsch si Schwester 34
Versoffe Genie 36
Et "bläck Lädi" 38

Böhle, Lis
Nohbersch-Klaaf 40

Braun, Hanns Georg
Klei Gittaleedche 44
Nevvenbei 46
Ovends am Beddche 46
Zwiesproch 48
Aal Lavummemädche 52

Brodesser, Hans

Brud för de Welt	54
Mein Godd	56
Eesch wann do laachs	56
Et Malheurche	56
Spillcher	60

DeNoël, Matthias Joseph

Hännesche om Kirchhoff	62
Huusmannskoss	70

Dreesen, Jakob

Kinderkrätzcher	74
Der kölsche Lohengrin	78

Gath, Goswin Peter

Zint Määtes	84

Gravelott, B.

Kölsche Anatomie	84

Heger, Heinz

Aprel	88
Et Büddche	90
Dä Herr Computer	92
Am Johresengk	96

Heimbach, Suitbert

Ming eeschte Bich	98
Buchping	102
Dann es Winter	104

Hoßdorf, Wilhelm
Am Römertoon 'ne Kreegsmann stundt 106

Jansen, Philipp
Emanzipation 112
Kettenreaktion 114
Kunsgenoss 116

Klar, Heribert
Ungeräächte Barbara 118
Et Schängche un der hellige Mann 120
Vollmond 122

Korn, Anton
Der Häär hät alles god gemaht 122

Kuhlemann, Johannes Theodor
Hervswind 124
Määl ov Nachtigall 126
Der Nossbaum-Schmitz 130
Der Schneimann sprich 134

Leven, Peter
Memoire vun ener Kuventsmöhn 138

Martin, Cilli
Nöttelefönes 142

Marx, Fritz
Der Eetste Strigg 142

Paffrath, Heinz
Gebootsdagsrüümcher 146

Pohl, Paul
Et Glöck 148
Jet vum Jüppche 150

Räderscheidt, Wilhelm
Amerau, god Naach 152
De Geiß wollt 'ne lange Stätz han 154

Richarz, Ann
Troor 158

Roesberg, Joseph
Karesselchesleed 160
Et Schnüsse-Tring 164

Schneider-Clauß, Wilhelm
Fastelovend kütt eraan 170
November 174
Ald widder op eneuts 176
Der eetste Schnei 180

Schneider, Albert
Kölsch Hännesche 180

Thill, Christian
Der Groschen em Pott 186

Weber, Heinz
De Spargelzupp 200

Wodarczyk, Gustav
Beton un Glas 204

Anhang

Themenliste (Wo et dröm geiht) 208
1. Knaatsch
2. Fierdäg un Johreszigge
3. Lier jet drus
4. Wie mer sich gään han kann
5. Gewende un Bruch

Titel der Texte (alphabetisch) 210

Kurzbiographie Autoren 212

Kurzbiographie Herausgeber 220

Literaturliste 221

Vorwort

Mit dieser Anthologie liegt nun der zweite Band kölscher Gedichte und Prosatexte in der Schreibweise der „Akademie för uns kölsche Sproch" vor.

Seit einigen Jahren gibt es Arbeiten der Akademie, die sich umfassend und wissenschaftlich begründet mit stadtkölnischem Wortschatz, Grammatik und einheitlichen Schreibregeln beschäftigt haben.

Nach dem ersten Band „Sag, verzäll ens" hat auch dieser zweite Band zwei Gruppen von Lesern vor Augen. Die eine Gruppe ist die, die an den Seminaren der Akademie teilnimmt und die einzelnen Seminare durchlaufen möchte; die andere besteht aus Liebhabern der „Kölschen Sproch" und ihrer Literatur im Allgemeinen.

In den Seminaren der Akademie wurden seit eh und je Texte kölscher Autoren gelesen, die in Ermangelung einheitlicher sprachlicher Vorgaben ihre eigene subjektiv gefärbten Schreibvarianten anwendeten und noch anwenden. Dies ist verständlich, da bis zum Zeitpunkt der Veröffentlichungen der Akademie keine einheitlichen sprachlichen Hilfen in den Bereichen Schreibung, Wortschatz und Grammatik vorlagen.

Hier bestand nun die Chance, ältere kölsche Texte aus dem 19. und weitgehend der ersten Hälfte des 20. Jh. (im Buch auf der geraden Seite stehend) in diese neue Schreibweise zu bringen (im Buch auf der ungeraden Seite stehend). Zusätzlich zu dieser Übertragung haben wir uns bemüht, sprachliche Erklärungen (im Falle veralteter bzw. veralternder

Wörter und grammatischer Formen), kulturelle und historische Erläuterungen sowie biographische Angaben zu den Autoren hinzuzufügen.

Dabei sind wir so verfahren, dass Wörter und Ausdrücke, die sich in Bhatt/Herrwegen, *Das kölsche Wörterbuch*, finden, nicht angeführt oder erklärt werden.

Sollte unser Bemühen nicht jedermanns Geschmack treffen, so möge er es mit Schneider-Clauss halten:

> *Et Vörwood*
> *Kummen ich aangenähm,*
> *Soll et mich freue.*
> *Wör ich Üch unbequäm,*
> *Dat dät mich reue.*
> *Wann Ehr mich kriteseet,*
> *Stramm dann un ihrlich.*
> *Wann Ehr mich frikasseet,*
> *Dann jet manierlich*

Wir bedanken uns bei allen Mitarbeitern der Akademie insbesondere bei Christa Bhatt und Alice Herrwegen für die fachliche Unterstützung bei der Arbeit an dem vorliegenden Buch sowie seiner Gestaltung.

Wir wünschen allen Lesern ein besonderes kölsches Lesevergnügen.

Dr. Rudi Renné   Hans-Jürgen Jansen
Kerpen   Grafschaft

Abkürzungsverzeichnis

dt.   = deutsch

k.   = zeitgenössisches Kölsch

v;   = veraltet

RA   = Redensart, sprichwörtlicher Ausdruck

‚...' = Bedeutung in k. oder dt.

frz. = französisch

ndl. = niederländisch

ital. = italienisch

De Krepp es leer

Et jingk ald op der Ovend an.
Ich dät en Kirch betredde
Un jink bes an de Krepp ganz noh,
Un wollt do stell jet bedde.

Wie en Wiel gekneet ich han,
Do hoot ich flöck e paar Schrett
un ielich kom der Köster an,
Och der Pastur kom met.

Ich daach meer glich, dat jet nit stemp.
Dä Köster reef „Och Gott!"
Se luurten en de Krepp eren:
Et Jesuskind wor fott!

Dä Pastur kunnt dat nit verstohn.
Dä Bleck jink hin un her.
Dat Chreskind kunnt do ganit gonn.
Trotzdem, de Krepp wor leer.

Op eimol knarrt de Kirchendöör,
Et Hätz wood uns ganz wärm,
Ne kleine Jung stund an der Döör
Un heelt dat Kind em Ärm.

Sing Augen woren hell und blank,
Die Höörcher drüvver krus,
Ne Roller stallt hä an de Bank.
Dann säht hä frei eruus:

De Krepp es leer

Et ging ald op der Ovend aan.
Ich dät en Kirch betredde
Un ging bes an de Krepp ganz noh,
Un wollt do stell jet bedde.

Wie en Wiel gekneet ich han,
Do hoot ich flöck e paar Schredd
Un ielig kom der Köster aan,
Och der Pastur kom met.

Ich daach mer glich, dat jet nit stemmp.
Dä Köster reef „Och Godd!"
Se luurten en de Krepp eren:
Et Jesuskind wor fott!

Dä Pastur kunnt dat nit verstonn.
Dä Bleck ging hin un her.
Dat Chresskind kunnt jo gar nit gonn.
Trotzdäm, de Krepp wor leer.

Op eimol quaatsch de Kirchedör,
Et Hätz woodt uns ganz wärm.
'Ne kleine Jung stundt an der Dör
Un heeldt dat Kind em Ärm.

Sing Auge wore hell un blank,
Die Höörcher drüvver kruus.
'Ne Roller stallt hä an de Bank.
Dann säht hä frei erus:

„Et Chreskind meer ne Roller braht,
Ne schöne, wie ehr seht.
Et hät e paar Ründcher metgemaht,
Dat hät et doch verdeent."

De Ovendsonn log op der Bänk,
Stell wood et en uns drei.
Dat wor för uns noch e Geschenk,
Als Chresdag lang vörbei.

Chreßbaumsleid

No ligen ich bei Schott un Scherve,
Vorüvver eß dä schönen Draum;
Mer liet mich sterven un verderve,
Un wor doch su 'ne staatsen Baum!
Wor dat en Freud en alle Stroße,
Wie't heesch, de Chreßbäum wören do!
De Kinder Schull un Spill vergoße
Un leefen bes noh'm Maat uns noh.

Wie all ming gode Kamerade
Wood stell ich en e Hus gebraht,
Met leckere Saache schwer belade,
Met bungkte Kralle fing gemaht.
Un wie vum Toon de Klocke klunge,
Do stund ich do en Glanz un Praach,
Un all de Augen an mer hunge
Beim Leedche vun der hellige Naach.

„Et Chresskind mer 'ne Roller braht,
'Ne schöne, wie Ehr seht.
Et hät e paar Ründcher metgemaht,
Dat hät et doch verdeent."

De Ovendsonn log op de Bänk,
Stell woodt et en uns drei.
Dat wor för uns noch e Geschenk,
Als Chressdag lang vörbei.

(Anonym)

Chressbaumsleid

No ligen ich bei Schott un Scherve,
Vörüvver es dä schöne Draum;
Mer liet mich sterve un verderve,
Un wor doch su 'ne staatse Baum!
Wor dat en Freud en alle Stroße,
Wie 't heeß, de Chressbäum wören do!
De Kinder Schull un Spill vergoße
Un leefe bes nohm Maat uns noh.

Wie all ming gode Kamerade
Woodt stell ich en e Huus gebraht,
Met lecker Saache schwer belade,
Met bunte Kralle fing gemaht.
Un wie vum Toon de Glocke klunge,
Do stundt ich do en Glanz un Praach,
Un all die Auge an mer hunge
Beim Leedche vun der hellige Naach.

Ich dorf noch off mich präsenteere
En minger Staat vör jungk un ald,
Bes dat ich Nodelen dät verleere,
Do woren och ming Dag gezallt.
No ligen ich bei Schott un Scherve,
Vorüvver eß dä schönen Draum,
Mer liet mich sterven und verderve,
Un wor doch su 'ne staatsen Baum! –

Su heisch et mänchmal och em Levve,
Wann do ding Schöldigkeit gedonn
Un deer der Abschied weed gegevve,
Grad wie beim Baum: „Der Mohr kann gonn!"
Doch muß do dann nit kühme, klage,
Un wann et hee un do och fählt,
Muß stolz un stell die Krützgen drage;
Denn Undank eß der Luhn der Welt!

Et Fröhjohr kütt!

Et Fröhjohr kütt! An Struch un Baum
Spinks us dem Knopp et ehschte Bladd,
Hät höösch noh 'm lange Winterdraum
De Finsterladen opgemaaht.

Et Fröhjohr kütt! En Amsel sök
De Note vun däm Liebesleed,
Dat uns verzälle soll ehr Glöck,
Wann Aanfangs Mai se Huhzigg feet.

Ich dorf noch off mich präsenteere
En minger Staat vör Jung un Ald,
Bes dat ich Nodele dät verleere,
Do wore och ming Dag gezallt.
No ligen ich bei Schott un Scherve,
Vörüvver es dä schöne Draum,
Mer liet mich sterven un verderve,
Un wor doch su 'ne staatse Baum.

Su heiß et mänchmol och em Levve,
Wann do ding Schöldigkeit gedon
Un dir der Avscheed weed gegevve,
Grad wie beim Baum: „Der Mohr kann gonn!"
Doch muss do dann nit küüme, klage,
Un wann et hee un do och fählt,
Muss stolz un stell di Krützche drage ;
Denn Undank es der Luhn der Welt![1]

(Peter Berchem)

[1] *Luhn der Welt*: im Kölschen gibt es keinen Genetiv, hier nur aus Reimgründen so; k. ‚der Luhn vun der Welt'

Et Fröhjohr kütt!

Et Fröhjohr kütt! An Struch un Baum
Spingks us dem Knopp et eeschte Bladd,
Hät höösch nohm lange Winterdraum
De Finsterladen opgemaht.

Et Fröhjohr kütt! En Amsel[1] sök
De Note vun däm Liebesleed,
Dat uns verzälle soll ehr Glöck,
Wann aanfangs Mai se Huhzigg feet.

Et Fröhjohr kütt! Dä Sonneglanz
Lock op de Stroß et Puutespill;
Dat springk un singk em Rusekranz
Un hät jitz Freud mih wie zevill.

Et Fröhjohr kütt! Op stellem Wäg
Jung Lieb sich ehres Levvens freut
Un, hät se alld jett Mod gekrääg,
Om Weiher gän der Naachen däut.

Et Fröhjohr kütt! Nor Ühm un Möhn
Sich halde noch ehr Stüvvge wärm:
„Dat Wedder eß för jung Lück schön,
Uns määht et krank en Bein un Ärm!"

Klatschruse

Frau Krönzel stitzelt op der Maat,
De Täsch em Ärm, der Mungk parat
Zom Handelen un zom Klaafe.
Se fäg de Reih erop, erav,
Se schnüffelt jedes Körvchen av,
Ehr Häng sin schwatz vom Raafe.

Su häd se grad de Maattäsch voll,
Do kütt ehr Fründin, de Frau Knoll
Quer op se angelaufe:
„'n Dag, Frau Krönzel! Och wie nett,
Datt ich Üch treffe! Wadt doch jet,
Muß flöck en Hähnche kaufe!"

Et Fröhjohr kütt! Dä Sonneglanz
Lock op de Stroß et Puutespill.
Dat springk un singk em Rusekranz
Un hät jetz Freud mih wie zovill.

Et Fröhjohr kütt! Op stellem Wäg
Jung Leev sich ehres Levvens[2] freut
Un, hät se ald jet Mod gekräg,
Om Weiher gään der Naachen däut.

Et Fröhjohr kütt! Nor Ühm un Möhn
Sich halde noch ehr Stüvvche wärm:
„Dat Wedder es för jung Lück schön,
Uns mäht et krank en Bein un Ärm."

(Peter Berchem)

[1] *Amsel*: ungewöhnlich; k. ‚En Määl, die sök'
[2] *ehres Levvens*: v; redensartlicher Genetiv

Klatschruse

Frau Krönzel stitzelt op der Maat,
De Täsch em Ärm, der Mungk parat,
Zom[1] Handelen un zom Klaafe.
Se fäg de Reih erop, erav,
Se schnüffelt jedes Körvchen av,
Ehr Häng sin schwatz vum Raafe.

Su hät se grad de Maattäsch voll,
Do kütt ehr Fründin, de Frau Knoll
Quer op se aangelaufe:
„'N Dag, Frau Krönzel! Och wie nett,
Dat ich Üch treffe! Waadt doch jet,
Muss flöck e Hähnche kaufe!"

„Geweß, Frau Knoll, von Hätze gän!
Ich waden do am ‚Golde Stän',
Ehr wädt jet Neues höre!" –
Glich drop, do fingen sich die zwei,
un dann geiht loß die Hechelei,
Nix kann dä Bubbel störe:

„Hä eß ...! Sei wor ...! Ich han gehoot,
Nit lang mih dat met denen dot;
Doch well ich nix gesaht han!"
„Wat Ehr nit saht!" – „Ija, da'ß wohr!"
„Nä, nä, ich kräg mich met de Hoor,
Wie dat nor einer dun kann!" –

Su geiht et hin, su geiht es her;
Frau Knoll un Krönzel drage schwer
An ander Lück ehr Saache.
Ehr Nasen, Augen bubbele met,
Sugar de Häng die sin op Rett,
För alles klorzemaache.

Em halver zwölf, do schrömp no Huus,
Frau Krönzel met däm sillige Trus:
„Där muß mer nor jet sage,
Dann weiß et bal de ganze Stadt!"
Frau Knoll denk: „Wat dat Wochenblatt
Doch hät ald rundgedrage!"

„Gewess, Frau Knoll, vun Hätze gään!
Ich waaden do am ‚Golde Stään',
Ehr weedt jet Neues höre!" –
Glich drop, do finge sich die zwei,
Un dann geiht loss die Hechelei,
Nix kann dä Bubbel störe:

„Hä es …! Sei wor …! Ich han gehoot,
Nit lang mih dat met denne doot.
Doch well ich nix gesaht han!"
„Wat Ehr nit saht!" - „Eja, dat es wohr!"
„Nä, nä, ich kräg mich met de Hoor[2],
Wie dat nor einer dun kann!" –

Su geiht et hin, su geiht et her.
Frau Knoll un Krönzel drage schwer
An ander Lück ehr Saache.
Ehr Nasen, Auge bubbele met,
Sugar de Häng, die sin op Redd[3],
För alles klorzemaache.

Öm halver zwölf, do schrömp noh Hus
Frau Krönzel met däm sillige Trus:
„Dä muss mer nor jet sage,
Dann weiß et baal de ganze Stadt!"
Frau Knoll denk: „Wat dat Wochebladd
Doch hät ald rundgedrage!"

(Peter Berchem)

[1] *Zom …* : k. ‚för ze Handele un för ze Klaafe'
[2] *sich met de Hoor han / krige*: k. ‚sich zänke, sich ärgere'
[3] *op Redd sin*: v; dt. ‚unterwegs sein'

E Möschebegräbnis

Et wor dise Summer. Do kütt op enen Daag
Der Fritz en et Zemmer gesprunge
Un hät en dud Mösch en der Hand, un hä laach:
„Die hann ich em Gade gefunge!"

„Komm, Liesge, komm met!" hä zum Schwesterche
säht,
„Die weed hügg begraven em Gade,
Lauf flöck ehsch un dunn noch der Jupp un et Nett
Zum Möschebegräbnis enlade!" –

Et Liesgen dat läuf, dat im fleegen de Zöpp,
Vör lefer sing Bäckelcher flamme;
Et weiß, op dem Keeschbaum do fingk et die
Ströpp,
Glich drop eß dat Schmölzge zesamme.

Der Fritz, dä alld deent en Zint Görres de Meß,
Muß hügg der Pastor hee avgevve;
Der Jupp dräht de Mösch en 'ner Greffelekeß;
De Mädcher gonn lantsam dernevve.

Se halden ehr Schützelcher vör et Geseech
Un dunn su, als däten se kriesche;
Der Jupp süüht vum eine noh'm andere Weech
Un deit sich sie Nääsgen avstriche.

Der Fritz ähnz vöropgeiht wie singe Pastor
Un deit sich genau wie dä halde
Un fääht sich wie dä och ens üvver de Hoor
Un trick och sing Steen jett en Falde. –

E Möschebegräbbnis

Et wor dise Sommer. Do kütt op ene Dag
Der Fritz en et Zemmer gesprunge
Un hät en dud Mösch en der Hand, un hä laach:
„Die han ich em Gaade gefunge!

Kumm, Liesche, kumm met!" hä zom Schwesterche säht,
„Die weed hügg begraven em Gaade.
Lauf flöck eesch un dun noch der Jupp un et Nett
Zom Möschebegräbbnis enlade!" –

Et Lieschen dat läuf, dat läuf, im fleegen de Zöpp,
Vör lefer sing Bäckelcher flamme;
Et weiß, op dem Keeschbaum, do fingk et die Ströpp.
Glich drop es dat Schmölzche zesamme.

Der Fritz, dä ald deent en Zint Görres[1] de Mess,
Muss hügg der Pastor hee avgevve.
Der Jupp dräht de Mösch en 'ner Greffelekess,
De Mädcher gonn langsam donevve.

Se halden ehr Schützelcher vör et Geseech
Un dun su, als däten se kriesche.
Der Jupp süht vum eine nohm andere Weech
Un deit sich si Näschen avstriche.

Der Fritz äänz vüropgeiht wie singe Pastor
Un deit sich genau wie dä halde
Un fäht sich wie dä och ens üvver de Hoor
Un trick och sing Steen jet en Falde.

No sin se am Keeschbaum, hee machen se Hald,
Der Jupp setz sing Dudelad nidder;
Hä kühmb ens, als wör hä Godd weiß alld wie ald,
Un deit su, als hätt hä der Zidder.

Hä kromb enen Eßlöffel us singer Täsch
Un böck sich un määht ehsch veer Schrömcher;
Dann Schöpp hä däm Vuggel sie Grävge zerääch
Un setz an et Koppengk zwei Blömcher. –

De Mösch eß begrave! De Mädcher jitz hann
Genog lamenteet un gekresche;
Do hämsch der Pastor, un hä süüht se all an
Un fängk von der Mösch aan ze spreche:

„Hier unter dem Kirschbaum, da lieg jitz dä Hans,
Dä süns hat da obe gesesse
Un hat da gepiepsch un gehüpp un gedanz
Un uns all de Kirsche gefresse.

Jitz muß er derfür auch – un dat iß im gut –
Ganz dief in der Müschehöll sitze,
Da schwitz er sich immer von neuem ze Dud,
Dat iß för sein Kirschestibitze!" –

Der Fritz dä eß fädig. Die andere stonn
Un künne vör Staune nichs sage,
Bis dat dann der Jupp meint: „Mer welle jitz gonn,
Die Prädig – die litt mer em Mage!"

No sin se am Keeschbaum, hee maachen se Hald,
Der Jupp setz sing Dudelad nidder.
Hä küümp ens, als wör hä Godd weiß ald wie ald,
Un deit su, als hätt hä der Zidder.

Hä kromp enen Esslöffel us singer Täsch
Un böck sich un mäht eesch veer Schrömcher.
Dann schöpp hä däm Vugel si Grävche zerääch
Un setz an et Koppengk zwei Blömcher. –

De Mösch es begrave! De Mädcher jetz han
Genog lamenteet un gekresche.
Do hämsch[2] der Pastor, un hä süht se all aan
Un fängk vun der Mösch aan ze sprehe:

„Hier unter dem Kirschbaum, da lieg jetz dä Hans,
Dä süns hat do obe gesesse
Un hat da gepiepsch un gehöpp un gedanz
Un uns all die Kirsche gefresse.

Jetz muss hä derfür och – un dat is im gut –
Ganz dief en der Müschehöll sitze.
Da schwitz er sich immer vun neuem ze Dud,
Dat is för sein Kirschestibitze !"[3] –

Der Fritz, dä es fäädig. Die andere stonn
Un künne vör Staune nix sage,
Bes dat dann der Jupp meint: „Mer welle jetz gonn,
Die Prädig – die litt mer em Mage!"

(Peter Berchem)

[1] *Zint Görres*: St. Georgskirche
[2] *hämsche*: v; dt. ‚husten' (mit hörbarem ‚hm, hm')
[3] „ …": sog. ‚Kölsch met Knubbele'

Kreuz ohne Drei

Jenöchlich soßen en dä Stuff
drei Männer stell beim Skat.
Em Zemmer schwäv dä Tabacksduff;
'ne Schnaps stund och parat.
Met decke Fingere schreff dä Hein
em Haupboch alles op,
endem dä Chreß janz räuhich sich
de Pief vun neuem stopp.

Dä Pitter schott flöck noch ens en
und dann jingk rund die Kaat.
Se griemelten met luusem Senn
un kratzten sich de Schwat. –
Jitz wohd gereiz, – bes dreßig jingk
dä Hein su jrad noch met;
dann moht hä passe. – Pitter säht:
„Dismol hält keiner Schrett."

Do meld janz räuhich sich dä Chreß:
„Ich han die dressich noch."
Dä Pitter röf: „Doch veezich nit!"
Dä Chreß drop sät: „O doch."
Do kratz dä Pitter sich dr Kopp:
„Och aachunveezich, Mann?"
Drop säht dä Chreß: „Dat es mie Spill,
wat ich jewenne kann."

„Dann spill et", jitz dä Pitter säht;
sie Aug bal üvverquillt,
dä Chreß dröck stell un üvverläht:
„Et weed 'ne Kreuz jespillt!" –
Dat Spill jingk loß, bal hatt, bal höösch,

Krütz ohne Drei[1]

Genöglich soßen en der Stuvv
drei Männer stell beim Skat.
Em Zemmer schwäv der Tabaksdöff,
'ne Schnaps stundt och parat.
Met decke Fingere schrevv dä Hein
em Haupboch alles op,
endäm dä Chress ganz räuhig sich
de Pief vun Neuem stopp.

Dä Pitter schodt flöck noch ens en
un dann ging rund de Kaat.
Se griemelte met luusem Senn
un kratzten sich de Schwaad.
Jetz woodt gereiz, – bes dressig ging
dä Hein su grad noch met,
dann moot hä passe. – Pitter[2] säht:
„Dismol häld keiner Schredd."

Do meld ganz räuhig sich dä Chress:
„Ich han die Dressig noch."
Dä Pitter röf: „Doch veezig nit!"
Dä Chress drop säht: „O doch."
Do kratzt' dä Pitter sich der Kopp:
„Och aachunveezig, Mann?"
Drop säht dä Chress: „Dat es mi Spill,
wat ich gewenne kann."

„Dann spill et", jetz dä Pitter säht,
si Aug baal üvverquillt.
Dä Chress dröck stell un üvverläht:
„Et weed 'ne Krütz gespillt!"
Dat Spill ging loss, baal hadd, baal höösch,

als jink et öm en Huus,
vun lfer waggelten dr Desch,
dä Chreß, dä jriemelt luus.

Dann laht hä räuhich hin de Kaat
un säht: „Ich han jenoch."
Dä Hein zällt noh; däm Pitter doch
verschloch et bal de Sproch.
Et stemmp, dä Chreß jewonn dat Spill
janz secher un jeweß. –
„Sach, wivill Junge hat's do dann?"
fröch Pitter jitz dä Chreß.

Do wohd dä Chreß op eimol stell,
sie Aug loht fähn un wick,
als söch hä üvver singem Brell
en lang versunke Zick.
Dann säht hä höösch: „Ich hatte drei,
doch keiner kom zoröck.
Em Krech, do hatt ich suvill Pech,
we jitz beim Kate Jlöck.

Dä eeschte kom en Frankreich öm, –
jeff Jott im iwige Rauh. –
Dä zweite deef en Rußland litt,
wo, weiß ich nit jenau. –
Dä drette fuhr wick op et Meer. –
Hä schlief op singem Jrund. –
We lang es dat als alles her, –
we schwer wor mänche Stund'."

Et wor janz räuhich en dä Stuff,
als jingk de Iwichkeit

als ging et öm e Huus;
vun lefer waggelten der Desch,
dä Chress, dä griemelt luus.

Dann laht hä räuhig hin de Kaat
un säht: „Ich han genog."
Dä Hein zällt noh; däm Pitter doch
veschlog et baal de Sproch.
Et stemmp, dä Chress gewonn dat Spill
ganz secher un gewess. –
„Sag, wievill Junge hatts do dann?"
frög Pitter[2] jetz dä Chress.

Do woodt dä Chress op eimol stell,
si Aug loot fään un wigg,
als söch hä üvver singem Brell
en lang versunke Zigg.
Dann säht hä höösch: „Ich hatte[3] drei,
doch keiner kom zoröck.
Em Kreeg, do hatt ich suvill Pech,
Wie jetz beim Kaate Glöck.

Dä Eeschte kom en Frankreich öm, –
gevv Godd im iwige Rauh.
Dä Zweite deef en Russland litt,
wo, weiß ich nit genau.
Dä Drette fuhr wigg op et Meer.
Hä schlief op singem Grund.
Wie lang es dat ald her,
wie schwer wor mänche Stund."

Et wor ganz räuhig en dä Stuvv,
als ging de Iwigkeit

met leisem Schrett durch jedes Hätz,
fähnav vun allem Leid.
Dä Pitter stipp sich stell dr Kopp,
dä Hein loht vör sich her.
Dä Chreß rief höösch sich durch et Aug
un odemp deef un schwer.

Dann säht hä stell: „Loß wigger jonn,
dat es jitz all vorbei.
Och dovun bliev de Welt nit stonn. –
Schriev ahn: Kreuz ohne drei!"

De Soot

E Pöölche Wasser steit janz dröv
verlooße en dä Soot.
Et Fränz'che höösch sing Schwester röf
un en dat Pöölche loht.

„Süch, Trinche", säht dä kleine Stropp,
„wann do he drenn deis lohre,
dann süüs do dinge eije Kopp,
met Auge, Mungk un Ohre.

Un ahn dr Sick, do deit sujar
uns Mamm em Finster lijje,
un alles es su wunderbar,
mer künnt tireck et krijje.

met leisem Schredd durch jedes Hätz,
fäänav vun allem Leid.
Dä Pitter stipp sich stell der Kopp,
dä Hein loot vör sich her.
Dä Chress revv höösch sich durch et Aug
un odemp deef un schwer.

Dann säht hä stell: „Loss wigger gonn,
dat es jetz all vörbei.
Och dovun bliev de Welt nit stonn. –
Schriev aan: Krütz ohne Drei!"

(Jupp Blank)

[1] *Kreuz ohne drei*: Ausdruck aus dem Skat-Spiel
[2] *Pitter*: ohne Artikel so im Original
[3] *hatte*: k. ‚hatt er'

De Sod

E Pöhlche Wasser steiht ganz dröv
verlooße en der Sod.
Et Fränzche höösch sing Schwester röf
Un en dat Pöhlche loot.

„Süch, Trinche", säht dä kleine Stropp,
„wann do hee dren deis loore,
dann sühs do dinge eige Kopp,
met Auge, Mungk un Ohre.

Un an der Sigg, do deit sugar
uns Mamm em Finster lige;
un alles es su wunderbar,
mer künnt tirek et krige.

Un ungen dren, janz deef om Jrund,
süss do dä Himmel strohle,
un Wolke, Vüjjel dun sich bunt
en unsem Pöölche mole ..."

Ich stund un luusch un daach zoröck:
Wie däht de Sonn uns schinge,
wann mer dä Himmel un et Jlöck
noch en dä Soot künnt finge!

Dem Freßklötsch si Schwester
Ich ben et Nettche Hefekloß.
Han iewich Hunger, ohne Moß.
Verroden selvs mi Broder
Nor för e Fitzje Foder.

Am Desch, do maachen ich mi Spill,
Vum „Sex", do halden ich nit vill,
Doch för e lecker Esse,
Do kann ich mich verjesse.

Ich weejen bal dreihundert Pund
Un föhlen mich rundsöm jesund.
Wat jot dem Koch jelunge,
Dat weed vun meer verschlunge.

Ich ben ne fromme Fleischpalaß,
De Arbeid halden ich nit faß,
Ich han en Nas zo rode,
Wo't jitt der beste Brode.

Un ungen dren, ganz deef om Grund,
sühs do der Himmel strohle;
un Wolke, Vügel dun sich bunt
en unsem Pöhlche mole ...."

Ich stundt un luusch un daach zoröck:
Wie dät de Sonn uns schinge,
wann mer der Himmel un et Glöck
noch en der Sod künnt finge!

(Jupp Blank)

Däm Fressklötsch si Schwester

Ich ben et Nettche Hefekloß,
Han iwig Hunger, ohne Moß,
Verrode selvs mi Broder
Nor för e Fitzche[1] Fooder.

Am Desch, do maachen ich mi Spill.
Vum ,Sex', do halden ich nit vill.
Doch för e lecker Esse,
Do kann ich mich vergesse.

Ich weege baal dreihundert Pund
Un föhlen mich rundöm gesund.
Wat god däm Koch gelunge,
Dat weed vun mir verschlunge.

Ich ben 'ne fromme Fleischpalass.
De Arbeid halden ich nit fass.
Ich han en Nas zo rode,
Wo 't gitt der beste Brode.

Zom Nohdesch nemmen ich per se
Drei Stöcker Sahnetaat un Tee.
Praline un Kamelle
Dun ich eesch janit zälle.

Ich levven em Schlaraffeland,
Beim Faaste ben ich nie zor Hand,
Mich zwingk jo minge Name
Tireck zor Freßreklame.

Mer pass kei Mieder, kei Korsett,
Ich ben ze schwer för jedes Bett.
Wat för ne Mann künnt sage,
Hä wöll op Häng mich drage?

Versoffe Schenie

Ich ben hück voll,
Su voll we zehn Haubitze,
Mi Quantum wor hück jroß,
We mingen Doosch.
Un söff ich we en Senk,
Dät üvverspretze –
Doosch, nor Doosch!

Ich ben hück voll;
Ov et sich luhnt?
Su frogen ich mich off,
Ich wäd noch raderdoll!

Zom Nohdesch nemmen ich per se
Drei Stöcker Sahnetaat un Tee.
Praline un Kamelle
Dun ich eesch gar nit zälle.

Ich levven em Schlaraffeland.
Beim Faaste ben ich nie zor Hand.
Mich zwingk jo minge Name
Tirek zor Fressreklame.

Mir pass kei Mieder, kei Korsett,
Ich ben zo schwer för jedes Bedd.
Wat för 'ne Mann künnt sage,
Hä wollt op Häng mich drage?

(Christina Block)

¹ e Fitzche: dt. ‚eine Kleinigkeit'

Versoffe Genie

Ich ben hügg voll,
Su voll wie zehn Haubitze,
Mi Quantum wor hügg groß
Wie minge Doosch.
Un söff ich wie en Senk,
Dät üvverspretze –
Doosch, nor Doosch!

Ich ben hügg voll;
Ov et sich luhnt?
Su frogen ich mich off,
Ich wääd' noch raderdoll!

Dä Doosch weed schlemmer nor,
Doot Wing mer jevve,
Fääßer voll.

Der Mond eß voll,
Su loht en doch jewäde,
Hä weed och widder halv
un dann e Veedel nor,
Blos ich ben iewich voll
Un jon op Äde
Bal zom Troor.

Et bläck Lädi

Dat Alt janz en schwatz heisch Helene,
He weed it „Bläck Lädi" jenannt,
Zo Kölle em Eros-Center
Wal mieh als jot bekannt.

Do mänätscht it schwatze Jeschäffjer
Em deefschwatze Neglischee,
Schröpp janz knallhatt die Föttchesföhler
Om schwatze Kanapee.

Die Pürk met dä blo-schwatze Hoore
Fällt bes op dä schwatze BH,
Et Len, dat kennt jot sing Kunde,
Die ston janz op Schwatz, O Lala.

Dä Doosch weed schlemmer nor.
Dot Wing mer gevve,
Fääßer voll.

Der Mond es voll.
Su loot en doch gewähde,
Hä weed och widder halv
Un dann e Veedel nor.
Bloß ich ben iwig voll
Un gonn op Ääde[1]
Baal zom Troor[2].

(Christina Block)

[1] *op Ääde*: poetisch; dt. ‚auf Erden'
[2] *zom Troor gonn*: RA, v; dt. ‚hingehen, sterben'

Et „bläck Lädi"

Dat Ald ganz en Schwatz heiß Helene.
Hee weed it „Bläck Lädi" genannt.
Zo Kölle em Eros-Center
Wall mih wie god bekannt.

Do manag et schwatze Geschäffcher
Em deefschwatze Negligee.
Schröpp ganz knallhadd die Föttchesföhler
Om schwatze Kanapee.

Die Pürk met dä blo-schwatze Hoore
Fällt bes op dä schwatze BH.
Et Len, dat kennt god sing Kunde,
Die stonn ganz op Schwatz, o lala.

Dä Stenz met dä klevrije Locke
Chauffeet singe schwatze Renault,
Om Hemp jesteck schwatze Ruse,
Alles janz comme il faut.

Nohbersch-Klaaf

Grad wie de Frau Schlömer de Husdöör opschleeße well, röf einer üvver de Stroß erüvver: „Halt, Augebleckche, Frau Schlömer. Ich muß üch noch et Neuste verzälle."

Komisch, dat de Schnieders immer et Neuste weiß. Em Nutfall künnt mer de Zeidung avbestelle un wöß doch, wat sich en Kölle avgespillt hät.

„Weßt ehr och, Frau Schlömer, wer widder gehierodt hät? Halt üch faß. Der Murmann, zwei Stroße wigger. Do ka'mer ens sin, wie flöck mer vergesse eß. De Frau litt noch kei halv Johr unger der Äd."

„Nä, dat stemmp nit", säht de Frau Schlömer tireck. „Die Frau eß em Wochebett gestorve, un dat Klein läuf ald wie nen Dilledopp. Et sin veer klein Kinder do, die versorg un gefläg sin welle, Frau Schnieder. Vergeßt dat nit! Ne Mann met klein Kinder allein, dat eß un bliev halve Krom. Mer weiß doch, wie dat geit. Do geit alles drunger und drüvver. Ich mein, et wör et beß, wat der Murmann hätt maache könne. Wat eß et dann för en Frau?"

„Et weed irgend su'ne ‚Has höpp' sin. Op alle Fäll ein, die de Grosche met beidse Häng am Finster erus wirf. Stellt üch ens vör, an alle Finstere neu Gadinge. Sujet! Do kütt jo Murmanns Lenche. Dat eß et Äldste vun dä Veer un geit ald en de Schull."

Dä Stenz met dä kläv'rige Locke
Chauffeet singe schwatze Renault,
Om Hemb gesteck schwatze Ruse,
Alles ganz comme il faut[1].

(Christina Block)

[1] *comme il faut*: frz; k. ‚wie et sich gehööt'

Nohbersch-Klaaf

Grad wie de Frau Schlömer de Huusdör opschleeße well, röf einer üvver de Stroß erüvver: „Hald, Augebleckche, Frau Schlömer! Ich muss üch noch et Neueste verzälle."

Komisch, dat die Schnieders immer et Neueste weiß. Em Nudfall künnt mer de Zeidung avbestelle un wöss doch, wat sich en Kölle avgespillt hät.

„Wesst ehr och, Frau Schlömer, wä widder gehierodt hät? Hald üch fass. Der Murmann, zwei Stroße wigger. Do ka'mer ens sin, wie flöck mer vergesse es. Die Frau litt noch kei halv Johr unger der Ääd."

„Nä, dat stemmp nit", säht de Frau Schlömer tirek. „Die Frau es em Wochebedd gestorve, un dat Klein läuf ald wie 'nen Dilledopp. Et sin veer klein Kinder do, die versorg un gefläg sin welle, Frau Schnieder. Vergesst dat nit! 'Ne Mann met klein Kinder allein, dat es un bliev halve Krom. Mer weiß doch, wie dat geiht. Do geiht alles drunger un drüvver. Ich mein, et wör et bess, wat der Murmann hät maache künne. Wat es et dann för en Frau?"

„Et weed irgend su 'ne ‚Has höpp' sin. Op alle Fäll ein, die de Grosche met beidse Häng am Finster erus wirf. Stellt üch ens vör, an alle Finstere neu Gadinge. Sujet ! Do kütt jo Murmanns Lenche. Dat es et Äldste vun dä Veer un geiht ald en de Schull."

Dat Klein mäht e adig Knixche un well elans gon, do röf de Schnieders och ald: „Sag, Lenche, wie kutt ehr dann met der Stiefmutter parat?"

Der Frau Schlömer wör vör Schreck bal der Schlösselbund us der Hand gefalle. Wat fällt dä Schnieders dann en, dat Kind su anzokrige. Dat deit mer doch nit. Ävver do süht dat Klein de Schnieders och ald treuhätzig an und säht: „Dat eß kein Stiefmutter, wal uns neu Mama!"

„Süch ens an, ör neu Mama! Un an de andere der wal keiner mih von üch. Die eß als vergesse, wat?" „O nä. Uns neu Mane bedd jede Ovend met uns doför. Se hät gesaht, wa'mer schön brav wöre, dann däte mer der Mama em Himmel de grözte Freud met maache. Denn die dät immer vun bovve erunderlore op ehr Kinder, ov se och adig wöre."

„Ävver dat gode Geld, wat dinge Vatter soor verdeent, verposementeere, nit? Woren die neu Gadinge dann nüdig, jo?"

„Mer han gar kein neu Gadinge. De Mama hät die ale avgenomme, gefleck, gewäsche, gestärk un widder opgehange. Un dem Papa hät se an alle Hemder neu Krage un Manschette genäht. Un dat Wippröckche, wat ich anhan, hät se us nem ale Kleid vun sich gemaht. Un koche kann se och lecker, un jede Sonndag back se ne Prummekoche ov ne Rondong met Rusinge. Un jede Etzte läht se jet opsick, dat uns Mama om Kirchhoff ne schöne Gravstein kritt."

Domet mäht dat Klein widder e Knixche un eß de Eck eröm.

De Frau Schnieder lort im met offe Nas un Mul noh: „Hät mer för su'ne freche Panz Tön? Ov dat sich nit schammp?"

De Frau Schlömer schödd der Kopp: „Wer sich he zo schamme hät, dat sid ehr, Frau Schnieder. Ich wollt üch

Dat Klein mäht e aadig Knicksche un well elans gonn, do röf die Schnieders och ald: „Sag, Lenche, wie kutt ehr dann met der Steefmooder parat?"

Der Frau Schlömer wör vör Schreck baal der Schlösselbund us der Hand gefalle. Wat fällt der Schnieders dann en, dat Kind su aanzekrige. Dat deit mer doch nit. Ävver do süht dat Klein de Schnieders och ald treuhätzig aan un säht: „Dat es kein Steefmooder, wall uns neu Mama!"

„Süch ens aan, üür neu Mama! Un an die andere denk wall keiner mih vun üch. Die es ald vergesse, wat?"

„O nä. Uns neu Mama bedd jede Ovend met uns doför. Se hät gesaht, wa'mer schön brav wöre, dann däte mer der Mama em Himmel de größte Freud met maache. Denn die dät immer vun bovve erunderloore op ehr Kinder, ov se och aadig wöre."

„Ävver dat gode Geld, wat dinge Vatter soor verdeent, verposementeere, nit? Woren die neu Gadinge dann nüdig, jo?"

„Mer han gar kein neu Gadinge. De Mama hät die aale avgenomme, gefleck, gewäsche, gestärk un widder opgehange. Un dem Papa hät se an alle Hemde neu Krage un Manschette genüht. Un dat Wippröckche, wat ich aanhan, hät se us 'nem aale Kleid vun sich gemaht. Un koche kann se och lecker, un jede Sonndag back se 'ne Prummekoche ov 'ne Rodong met Rusinge. Un jede Eetste läht se jet opsigg, dat uns Mama om Kirchhoff 'ne schöne Gravstein kritt."

Domet mäht dat Klein widder e Knicksche un es de Eck eröm.

De Frau Schnieder loot im met offe Nas un Muul noh: „Hät mer för su 'ne freche Panz Tön? Ov dat sich nit schammp?"

De Frau Schlömer schödd der Kopp: „Wä sich hee ze schamme hät, dat sid Ehr, Frau Schnieder. Ich wollt üch de Levitte lese, ävver dat hät dat Klein ald prima besorg. Vun Kinder, su säht mer, künnen och Große manchmol jet lihre. Lihrt ehr ens he us dem Fall e beßge mih Minschefründlichkeit un Hätzenstak. Su, jitz ävver dalli en ming Köch, sons weed minge Soorbrode nit mih mangs. Gode Besserung, Frau Schnieder!"

Klei Gittaleedche

Minscheglöck
Geiht su flöck.
Fählt uns off wie Brut.
Wat niß paß,
Hält uns faß,
Treu bis en der Dut,
Treu bis en der Dut.

Sapperlot!
Hät mer Mot,
Dat mer do noch laach!
Un, zoglich
Ärm un rich,
Leedcher singe mag,
Leedcher singe mag.

En uns muß
Wahl zom Trus
Leech un Hoffnung sin –
Sielche do,
Hö'sch do zo?
Do föhrsch uns dohin,
Do föhrsch uns dohin.

de Levitte lese, ävver dat hät dat Klein ald prima besorg. Vun Kinder, su säht mer, künne och Große manchmol jet liere. Liert Ehr ens hee us däm Fall e bessche mih Minschefründlichkeit un Hätzenstak. Su, jetz ävver dalli en ming Köch, söns weed minge Soorbrode nit mih mangs. Gode Besserung, Frau Schnieder!"

(Lis Böhle)

Klei Gittaleedche

Minscheglöck
Geiht su flöck,
Fählt uns off wie Brud.
Wat nit pass,
Häld uns fass,
Treu bes en der Dud,
Treu bes en der Dud.

Zapperlot!
Hät mer Mod,
Dat mer do noch laach!
Un, zoglich
Ärm un rich,
Leedcher singe mag,
Leedcher singe mag.

En uns muss
Wall zom Trus
Leech un Hoffnung sin.
Sielche do,
Höös do zo?
Do föhrs uns dohin,
Do föhrs uns dohin.

(Hanns Georg Braun)

Nevvenbei

Levve, do Jeck, dat lihrt mer nit!
Mer muß et glich ald dun.
Vum eeschte Krih bis dat mer litt,
Hät mer die Plog dervun,
Un wör mer och ne Freddensmann
Un brav als wie e Schof,
Mer muß vom Löw e Stöckche han,
Domet mer sich durchbieße kann
Bis hin noh'm letzte Schlof.

Ovends am Bettche

No well ich noch e Stöck verzälle –
Dann ävver schlof! Et eß spät!
Et wor do ens en Mösch en Kölle,
Die bubble dät.

Se sproch us ehrem Neß em Gröne
Un wor noch kleiner als do,
Un unge stundte Männer un Möhne
Un hoote zo.

Se sproch vom Wedder, vun de Zigge,
Vum golde Mond en der Naach.
Se säht, se künnt kein Kinder ligge,
Die spät noch waach.

Se hatt veer Feddercher em Stätzche,
Die glänzten en einem fott,

Nevvenbei

Levve, do Jeck dat liert mer nit!
Mer muss et glich ald dun.
Vum eeschte Krih bes dat mer litt,
Hät mer de Plog dovun.
Un wör mer och 'ne Friddensmann
Un brav als wie e Schof,
Mer muss vum Löw e Stöckche han,
Domet mer sich durchbieße kann
Bes hin nohm letzte Schlof.

(Hanns Georg Braun)

Ovends am Beddche

No well ich noch e Stöck verzälle –
Dann ävver schlof! Et es späd.
Et wor do ens en Mösch en Kölle,
Die bubbele dät.

Se sproch us ehrem Ness em Gröne
Un wor noch kleiner wie do,
Un unge stundte Männer un Möhne
Un hoote zo.

Se sproch vum Wedder, vun de Zigge,
Vum golde Mond en der Naach.
Se säht, se künnt kein Kinder ligge,
Die späd noch waach.

Se hatt veer Feddercher em Stätzche,
Die glänzten en einem fott,

Un kom en Hüngche oder Kätzche,
Dann wood se kott!

Se froß am leevste golde Möckcher,
Noh selvere kräg se der Schlicks.
Em Winter drog se wölle Söckcher,
Em Summer nix.

Se lävten sibbenunddressig Johre,
Hatt och e Pläätche zoletz ...
...
Schlief dä Fetz?

Zwiesproch

Leev Schwester, sag, wat giß do meer,
Dann halden ich ming Mul:
Am Rhing ging einer nevven deer,
Un dat wor nit et Jul!

„Wat sähste do? Beß do wahl stell!
Zwei Penning sollste han!
Do kriß doför en sor Kamell,
Die deis do lötsche dann."

Zwei Pennings nor! Dat wör gelaach!
Do beß wahl jet geflapp?
Un giß do meer nit mih, dann sag
Ich et ald glich dem Papp!

Un kom e Hüngche oder Kätzche,
Dann woodt se kodd.

Se froß am leevste golde Möckcher,
Noh selvere kräg se der Schlecks.
Em Winter drog se wölle Söckcher,
Em Sommer nix.

Se lävte sibbenundressig Johre,
Hatt och e Pläätzche zoletz ...
...
Schlief dä Fetz?

(Hanns Georg Braun)

Zwiesproch

Leev Schwester, sag, wat giss do mir,
Dann halden ich ming Muul:
Am Rhing ging einer nevven dir,
Un dat wor nit et Jul!

„Wat sähs de do? Bes do wall stell!
Zwei Penning solls de han!
Do kriss doför en soor Kamell,
Die deis de lötsche dann."

Zwei Penning nor! Dat wör gelaach!
Do bes wall jet geflapp?
Un giss do mir nit mih, dann sag
Ich et ald glich däm Papp!

„Komm herr! Do sin fünf Penning jo!
Kauf deer Kuletsch doför. –
Do beß ne nette Broder, do!
Doch wad! Ich merk et meer!"

Ich bruch för minge Patteflüg
För dressig Penning Kot.
De minge eß nor Knöddelszüg,
Die schmieß ich en de Sot!

„Wat? Dressig Penning? Beß do jeck?
No hät die Saach en Eng!
Meins do, ich hätt mie Geld su deck?
Dat sag ich mingem Schäng!

Dä wor beim Schmeling en der Lehr,
Un küß do meer zo noh,
Dann weed dä weld un wödig sehr
Un schleit dich glich k.o.!"

O jömmich, Schwester! Nix gesaht!
Meins do dä schwatze Schäng?
Ich han jo nor ne Jux gemaht!
Do zeigs och glich de Zäng!

Ming Kot eß meer noch got genog,
Ming Kni-kna-knöddelskot!
Meer dun et die fünf Penning och –
Gevv herr, dann eß et got!

„Kumm her! Do sin fünf Penning, jo!
Kauf der Kuletsch doför.
Do bess 'ne nette Broder, do!
Doch waad! Ich merk et mir!"

Ich bruch för minge Patteflüg[1]
För dressig Penning Kood.
Der minge es nor Knöddelszüg,
Dä schmieß ich en de Sod!

„Wat? Dressig Penning? Bes do jeck?
No hät die Saach en Engk!
Meins do, ich hätt mi Geld su deck?
Dat sag ich mingem Schäng!

Dä wor beim Schmeling en der Lihr.
Un küss do mir zo noh,
Dann weed dä weld un wödig sehr[2]
Un schleiht dich glich k.o.!"

O jömmich, Schwester! Nix gesaht!
Meins do dä schwatze Schäng?
Ich han jo nor 'ne Jux gemaht!
Do zeigs och glich de Zäng!

Ming Kood es mir noch god genog,
Ming Kni-kna-knöddelskood!
Mir dun et die fünf Penning och –
Gevv her, dann es et god!

(Hanns Georg Braun)

[1] *Patteflüg*: k. ‚Pattevugel'
[2] *sehr*: hier aus Reimgründen zu ‚Lehr' im Original

Al Lavummemädche

Ming Weg stund en der Spillmannsgaß.
Mie Vater soff, ming Mamm wor blaß.
Mie Broder, dä Kuschteiefranz,
Ging ovends spät de Hüser lans,
Un ich, dat pucklig Füßche,
Ich wood e Gittalißche.

Mich hät dä Kregmaat got gekannt,
Sung en der Spetz, ich sung om Brand,
Em Zuckerpuckel, en der Klooch.
Am dude Jüd, do sung ich och.
Ich ben met däm Lavumme
Bis Poll un Müllem kumme.

Ming Leeder wore äns un lang.
Bei mänchem wood ich selver bang.
Et wor vill Floche dren un Blot,
Och lefersuch kom nit zo koot
un Mood un Brand em Keller.
Un dann ging ich me'm Teller.

No ben ich alt, ming Stemm eß hin,
Ich kann och nit su rääch mih sinn,
Un ming Lavumm, die eß geplatz,
Als sich dä Kääl ens dropgesatz.
No dun ich, wie se sage,
De Lück de Kaate schlage.

Ich wonne do am gäle Huus
Vörbei em drette Hoff graduus
De Trapp erop, deech ungerm Daach.
Am beste kutt er koot vör Naach,

Aal Lavummemädche

Ming Weeg stundt en der Spillmannsgass[1],
Mi Vatter soff, ming Mamm wor blass.
Mi Broder, dä Kuschteiefranz,
Ging ovends späd de Hüüser lans.
Un ich, dat pucklig Füssche,
Ich woodt e Gittalissche.

Mich hät dä Kreegmaat[2] god gekannt,
Sung en der Spetz[4], ich sung om Brand[3],
Em Zuckerpuckel[5], en der Klooch[6].
Am dude Jüdd[7], do sung ich och.
Ich ben met däm Lavumme
Bes Poll un Müllem kumme.

Ming Leeder wore ääns un lang.
Bei mänchem woodt ich selver bang,
Et wor vill Floche dren un Blod,
Och lefersuch kom nit zo koot
Un Mood un Brand em Keller.
Un dann ging ich mem Teller.

No ben ich ald, ming Stemm es hin,
Ich kann och nit su rääch mih sinn,
Un ming Lavumm, die es geplatz,
Wie sich dä Kääl ens dropgesatz.
No dun ich, wie se sage,
De Lück de Kaate schlage[8].

Ich wonne do am gääle Huus
Vörbei em drette Hoff gradus,
De Trapp erop, deech ungerm Daach.
Am beste kutt ehr koot vör Naach,

Domet de Lück nit redde.
Ich ben su ärg för Fredde!

Brut för die Welt

Jrosche un Penning
klappern em Dösje,
lüggen em Büggel.
Brut för die Welt!

Ärme un Riche,
wat se och jevve,
Jrosche un Penning.
Brut för die Welt!

Hunger un Sterve
röhren uns Hätze.

Domet de Lück nit redde.
Ich ben su ärg för Fridde !

(Hanns Georg Braun)

[1-3] noch existierende Straßennamen in Köln:
[1] *de Spillmannsgass* : Spielmannsgasse
[2] *der Kreegmaat*: Goßer / Kleiner Griechenmarkt (im gleichnamigen Viertel)
[3] *om Brand*: Auf dem Brand, Altstadt
[4] *de Spetz*: Spitzengasse: vor der Umgestaltung im Bereich der Severinsbrückenabfahrt
[5] *em Zuckerpuckel*: Name einer Kneipe in der Innenstadt (wahrscheinlich eine Anspielung auf den ‚hohen Rücken' der Wirtin)
[6] *de Klooch*: Name eines altkölnischen Brau- und Wirtshauses (zunächst Trankgasse, dann Große Neugasse u.a.); als Wort v; dt. ‚Gruft, unterirdischer Betraum'
[7] *am Dude Jüdd*: urspr. Am Judenbüchel, alte Flurbezeichnung vor dem Severinstor; später eine Volksvergnügungsstätte m. Tanz
[8] *de Kaate schlage/schlonn*: RA, dt. ‚wahrsagen'

Brud för de Welt

Grosche un Penning
klappern em Dösche,
lüggen em Büggel.
Brud för de Welt.

Ärme un Riche,
wat se och gevve,
Grosche un Penning.
Brud för de Welt.

Hunger un Sterve
röhren uns Hätze.

Kling mäht dä Jrosche.
Brut för die Welt!

Die uns rejeere
jevven Milliarde.
Brut för die Ärme?
Dud för die Welt!

Mein Jott!
Wat möjen bloß de Lück denke?
Denken Lück?
Ich höre se immer nor schwade.

Eesch wenn do laachs,
dann spörs do, dat do lävs.
Die Dude, links un räächs vun deer,
die jläuven nor, se levven.

Et Malöörche
Zoeesch hatt dä Pap op Kreislauf jetipp. Dat wor mondagsmorjens, wie et de Mam esu schlääch wor.

Wie se am Dienstagmorje üvverm Spölstein am Speie wor, säht hä: „Dat süht meer ehter noh'm Mage us. – Nemm ens en Messerspetz Natron." Ävver die Wirkung hilt nit bis

Kling mäht dä Grosche.
Brud för de Welt.

Die uns regiere
gevve Milliarde.
Brud för de Ärme?
Dud för de Welt!

(Hans Brodesser)

Mein Godd!
Wat möge bloß de Lück denke?
Denke Lück?
Ich höre se immer nor schwaade.

(Hans Brodesser)

Eesch wann do laachs,
dann spörs do, dat do lävs.
Die Dude, links un räächs vun dir,
die gläuve nor, se levve.

(Hans Brodesser)

Et Malheurche

Zoeesch hatt dä Papp op Kreislauf getipp. Dat wor mondagsmorgens, wie et der Mamm esu schlääch wor.

Wie se am Dinsdagmorge üvverm Spölstein am Speie wor, säht hä: „Dat süht mer iher nohm Mage us. – Nemm ens en Messerspetz Natron." Ävver die Wirkung heeldt nit bes

Mettwoch an. De Mam stund ald widder üvverm Spölstein, met Trone en de Auge vun Anstrengung.

„Do muß unbedingk noh'm Dokter", säht dä Pap. „Denk dran, ding Mam hatt et och me'm Mage."

De Mam jing sich me'm Schützel üvver de Auge un säht: „Un wenn et nit de Mage eß?"

„Nit de Mage?" Dä Pap maht Auge wie ne Schellfesch. „Wells do domet sage, dat ..."

Wigger kom hä nit, hä moht eesch en paarmol schlecke. „Ävver dat eß doch janz unmüjelich, ich nemme mich doch immer su en aach. – No sag doch och ens jet!"

Ävver de Mam kunnt nix sage, se moht speie.

Eesch am Nohmeddag, wie dä Pap von de Arbeid kom, kräg hä sing Antwoot. De Wööt hatt de Mam sich ald zick 'ner Stund parat jelaht. Un wat de Mam sich parat läht, dat fingk se met einem Jreff, selvs wenn et düster eß.

„No, wie ha' meer et", froht dä Pap. „Worsch do beim Dokter?" „Ija!" säht de Mam. „Ich soll deer och ne schöne Jroß bestelle, un do wörsch 'ne Schofskopp, trotz dinger sibbenunveezig Johr. Un wat minge Mage anjing ... – Do hätts dich leever öm jet andersch kömmere solle. – Un üvverhaup, vör veer Johr ha' meer dä Kinderwage för fuffzig Mark verkauf, un jetz künne meer uns för hundertfuffzig 'ne neue kaufe. – Un dann die Lück. – De Krögers laach sich doch kapott, wenn se dat spetz kritt. – En Dochter, die bal hierot, ne Jung, dä Zaldat weed, un dann noch jet Kleins! – Meinste nit, ich wöllt och ens Feerovend han?

Do kömmers dich doch öm nix. Do lies de Zeidung und sähs, bräng meer ens ming Schlabbe. – Un wat häs do vör elf Johr noh 'm Pitterche jesaht? – Wat söks do dann do en dä Schublad?"

„Papeer un Bleisteff", säht dä Pap. „Däm Knaus un däm Ogino schrieven ich jetz 'ne Breef dä sich jewäsche hät. Un

Meddwoch aan. De Mamm stundt ald widder üvverm Spölstein, met Trone en de Auge vun Aanstrengung.

„Do muss unbedingk nohm Dokter", säht der Papp. „Denk dran, ding Mamm hatt et och mem Mage."

De Mamm ging sich mem Schützel üvver de Auge un säht: „Un wann et nit der Mage es?"

„Nit der Mage?" Der Papp maht Auge wie 'ne Schellfesch. „Wells do domet sage, dat ...?"

Wigger kom hä nit, hä moot eesch e paarmol schlecke. „Ävver dat es doch ganz unmöglich, ich nemme mich doch immer su en Aach. – No sag doch och ens jet!"

Ävver de Mamm kunnt nix sage, se moot speie.

Eesch am Nomeddag, wie der Papp vun der Arbeid kom, kräg hä sing Antwood. Die Wööd hatt de Mamm sich ald zick 'ner Stund paratgelaht. Un wat de Mamm sich paratläht, dat fingk se met einem Greff, selvs wann et düster es.

„No, wie ha'mer et?", frogte der Papp. „Wors do beim Dokter?", „Eja!" säht de Mamm. „Ich soll der och 'ne schöne Groß bestelle, un do wörs 'ne Schofskopp, trotz dinger sibbeunveezig Johr. Un wat minge Mage aanging ... – Do hätts dich leever öm jet andersch kömmere solle.– Un üvverhaup, vör veer Johr ha'mer dä Kinderwage för fuffzig Mark verkauf, un jetz künne mer uns för hundertfuffzig 'ne neue kaufe. – Un dann die Lück. – Die Krögers laach sich doch kapodd, wann die dat spetz kritt. – En Doochter, die baal hierodt, 'ne Jung, dä Zaldat weed, un dann noch jet Kleins! – Meins do nit, ich wollt och ens Feerovend han?

Do kömmers dich doch öm nix. Do liss de Zeidung un sähs, bräng mer ens ming Schlappe. – Un wat häs do vör elf Johr nohm Pitterche gesaht ? – Wat söks do dann do en dä Schublad?"

„Papeer un Bleisteff", säht der Papp. „Däm Knaus un däm Ogino schriev ich jetz 'ne Breef, dä sich gewäsche hät. Un däm Pastur och. Domet do dat weiß. Denn dä hät uns op dad dudsechere Verfahre jebraht. – Jevv ens et Köchemetz, ich muß dä Bleisteff spetze."

„Ich jläuv, dat do 'ne Klaps häs", säht de Mam. „Do wells ding Dommheit wal noch en de Welt eruus schreie. – Wenn einer me'm Auto jäjen 'ne Baum fährt, dann eß dat och nit dä schold, dä de Motor erfunge hät, sondern dä Schofskopp, dä dat Auto jefahre hät. – Üvverläg leever, wat do dinge Kinder sage wells. Suvill ich weiß, jläuven die all nit mih an de Klapperstorch."

„Wiesu soll ich de Kinder jet sage?" froht dä Pap. „Dat eß doch ding Saach. Un üvverhaup, zick wann müssen Mutter un Vatter ehre Pänz Rechenschaff – ich meine ... ov se ... – Eß dä Dokter och janz secher?" – „Op jeden Fall secherer wie do."

Dä Pap satz sich op de Stohl un maht sich am Hals et Hembsknöppche op – „Womet han ich dat nor verdeent?"

Spillcher

Meer spillten als Kinder, et Fränzje un ich,
off Prinz un Prinzessin, un woren su rich,
un föhlten uns jlöcklich met all däm Klimbim,
met Orde us Jlasknöpp un feinem Benimm.

Dat Kätt leef em Schützel dann hinger uns her,
un knaatschten, weil it nie Prinzessin ens wör,
bloß immer nor Sklavin, un nie estimeet,
wojäjen de andre för nix dekoreet.

Ich jläuv, unser Spillche weed wigger jespillt.
Däm Kättche sing Arbeid noch immer nix jilt,

däm Pastur och. Domet do dat weiß. Denn dä hät uns op dat dudsechere Verfahre gebraht. – Gevv ens et Köchemetz, ich muss dä Bleisteff spetze."

„Ich gläuv', dat do 'ne Klapps häs", säht de Mamm. „Do wells ding Dommheit wall noch en de Welt erus schreie. – Wann einer mem Auto gäge 'ne Baum fäht, dann es dat och nit dä schold, dä der Motor erfunge hät, sondern dä Schofskopp, dä dat Auto gefahre hät. – Üvverläg leever, wat do dinge Kinder sage wells. Suvill ich weiß, gläuve die nit mih an der Klapperstorch."

„Wiesu soll ich de Kinder jet sage?", frogte der Papp. „Dat es doch ding Saach. Un üvverhaup, zick wann müsse Moder un Vatter ehre Pänz Recheschaff ... ich mein ... ov se ... - Es dä Dokter och ganz secher?" – „Op jede Fall secherer wie do."

Der Papp satz sich op der Stohl un maht sich am Hals et Hembsknöppche op – „Womet han ich dat nor verdeent ?"

(Hans Brodesser)

Spillcher

Mer spillten als Kinder, et Fränzche un ich,
off Prinz un Prinzessin, un woren su rich,
un föhlten uns glöcklich met all däm Klimbim,
met Orde us Glasknöpp un ‚feinem Benimm'.

Dat Kätt leef em Schützel dann hinger uns her,
un knaatschte, weil it nie Prinzessin ens wör,
bloß immer nor Sklavin, un nie estimeet,
wogägen die andre för nix dekoreet.

Ich gläuv, unser Spillche weed wigger gespillt.
Däm Kättche sing Arbeid noch immer nix gild,

trotz Sorje un Maache för Pute un Mann,
vum Morje bis Ovend, och naaks dann un wann.

Die Orde nor rähne op Prinze em Frack,
denn die han noh bovve dä beste Kontak,
un uußerdäm han se de Zick, op Visit
de Orde zo drage. – Dat Kätt hät die nit.

Hännesgen om Kirchhoff
Was die Zeit
Doch vergeiht!
Wie Zekunde
Sin verschwunde
Däg und Stunde.

Zwanzig Johre
Han sich durch de Welt gedrevve.
Keiner weiß mieh, wo se wore
Oder sin geblevve.

Un de Lück
Us der Zick,
Denne jetz kein Ohr mieh tüt,
Wo mer keine Stätz von süht,
Do kein Minsch sich mieh vor bät,
Ligen hee eröm begrave,
't es doch en der Welt nix wät.

Om Pastor,
Om Magister singem Kopp

trotz Sorge un Maache för Puute un Mann,
vum Morge bes Ovend, och naachs dann un wann.

Die Orde nor rähne op Prinze em Frack,
denn die han noh bovve der beste Kontak,
un usserdäm han se Zigg, op Visit'
de Orde zo drage. – Dat Kätt hät die nit.

(Hans Brodesser)

Hännesche om Kirchhoff

Was die Zeit
Doch vergeiht!
Wie Zekunde[1]
sin verschwunde
Däg un Stunde.

Zwanzig Johre
Han sich durch de Welt gedrevve,
Keiner weiß mih, wo se wore
Oder sin geblevve.

Un de Lück
Us dä Zigg,
denne jetz kei Ohr mih tüt,
Wo mer keine Stätz vun süht,
Do kei Minsch sich mih vör bät[2],
Ligen hee eröm begrave,
't es doch en der Welt nix wäät.

Om Pastur,
Om Magister singem Kopp

Schmeck der Schulljung jetz der Dopp,
Un der Scholtes un der Ampmann,
Die mer höflich söns mooß größe,
Tritt der Sauheet jetz met Föße!

Hinger, sinn ich, eß e Loch,
Doren han se közlich noch
Ene Gravstein obgesatz
Un der Name drobgekratz.
Wä mag wal dorunger lige?
Doch ens kicke,
Ov ich do Verstand us krige?

„Hee litt dem Piefekloos sing Frau;
Gott gev ehr de ievige Rauh!
Hä hatt ehr och en ehrem Levve
Vörwohr de ievige Unrauh gevve."

Gott trühs ehr Siehl!
Dat wor en Frau,
Su fingk mer jetz
Nit mänche mieh.

Se wor zwor luter jet genau,
Doch hät se meer
Mänch Kirmesstöck
Un mänche Bröck,
Drei Finger deck
Met Kies beschmeet,
Erus gereck!!!

Die Frau, die wäden ich nit vergesse,
Su lang, als ich noch Kiesbröck esse!

Schmeck der Schulljung jetz der Dopp[3],
Un der Scholtes[4] un der Ampmann,
Die mer höflich söns moot größe,
Tridd der Sauheet jetz met Föße.

Hinge, sinn ich, es e Loch,
Doren han se köözlich noch
Ene Gravstein opgesatz
Un der Name dropgekratz.
Wä mag wall dorunger lige?
Doch ens kicke,
Ov ich do Verstand drus krige.

„Hee litt dem Piefeklos sing Frau.
Godd gevv ehr de iwige Rauh!
Hä hatt ehr och en ehrem Levve
Förwohr de iwige Unrauh gevve[5]."

Godd trüs ehr Siel!
Dat wor en Frau,
Su fingk mer jetz
Nit mänche mih.

Se wor zwor luuter jet genau,
Doch hät se mer
Mänch Kirmesstöck[6]
Un mänche Brögg[7]
Drei Finger deck
Met Kis beschmiert,
Erusgereck!

Die Frau, die wääden ich nit vergesse,
Su lang, als ich noch Kisbrögg esse!

Ov dem Ohßejan
Singen ahlen Hengs
(Han ich off gedaach)
Noch wal levve mag?

Domet ben ich dann
– 't eß zuvor jetz ald lang verledde –
Döckes en de Dränk geredde!
Un wat han ich mänche Mösch
Do em Rothus us där Kallen
Un em Klocketoon dobovve
Mänche Spervel usgehovve!

Och, do steiht och noch dä Pötz,
Wo su off ming Mötz
Alle Johr,
Wann et Kirmes wor,
Hundertmol geweß
En geflogen eß!
Och, dann gingk et staats.
Ungefähr hee ob der Plaz,
Wo ich stonn,
Däte meer der Koche schlonn!

Hinger stund do noch dä Noßbaum,
Wo ich döckes met' er Stangen
En der Naach han obgehangen
Un der ganze Rippet ob
Han voll Nöß gestopp;
Ävver zinder dat ich ens
Schores han vum Feldschötz kräge,
Wor meer nix mieh dran geläge! –

Ov däm Ohßejan
Singen aalen Hengs
(Han ich off gedaach)
Noch wall levve mag?

Domet ben ich dann
– et ess zwor jetz ald lang verledde –
Döckes[8] en de Dränk geredde!
Un wat han ich mänche Mösch
Do em Rodhuus us de Kallen[9]
Un em Klocketoon dobovve
Mänche Spervel[10] usgehovve!

Och, do steiht och noch dä Pötz
Wo su off ming Mötz
Alle Johr'
Wann et Kirmes wor,
Hundertmol gewess
'rengeflogen es!
Och, dann gingk et staats;
Ungefähr hee op der Plaatz,
Wo ich stonn,
Däte mer der Koche schlonn![11]

Hinge stundt do noch dä Nossbaum,
Wo ich döckes met 'ner[12] Stangen
En der Naach han dropgehangen[13]
Un der ganze Rippet drop
Han voll Nöss gestopp.
Ävver zickdäm dat ich ens
Schores han vum Feldschötz[14] kräge,
Wor mer nix mih dran geläge!

Och dä Noßbaum eß ald fott,
Un der Schlagbaum eß kapott!
Ja! dem ärmen Boor
Wood dat Wäggeld döckes soor!
Han s' et vleechs och avbeschaff?
No, dann han se doch geweß
Jet, wat noch vill schlemmer eß. –

Der Düvel, jetz muss ich mi Klörchen gon holle!
Dat sitz gewess em Bräues ob heisse Kolle.

Och dä Nossbaum es ald fott,
Un der Schlagbaum es kapodd!
Jo! Däm ärme Boor
Woodt dat Wäggeld öfters soor!
Han se 't vleech[15] och avgeschaff?
No, dann han se doch gewess
Jet, wat noch vill schlemmer es –

Der Düüvel, jetz muss ich mi Klörche gonn holle!
Dat sitz gewess em Bräues op heiße Kolle.

(Matthias Joseph DeNoël)

[1] *Zekunde*: aus Klanggründen so belassen
[2] *sich bät*: v: ‚sich bedde'; heute k. ‚bedde'
[3] *Dopp*: k. ‚ene Dopp schmecke'; dt. ‚den Kreisel schlagen'
[4] *Schultes*: v; dt. ‚Schultheiß' (Vorsteher eines Gerichtsbezirks)
[5] *gevve*: v; k. ‚gegovve'
[6] *Kirmesstöck*: v; dt. ‚Kirmesgeschenk'
[7] *Bröck*: k. ‚Brögg', dt. ‚dickes Butterbrot'
[8] *Döckes*: v; k. ‚öfter'
[9] *Kallen*: v; k. ‚Kall'; nur noch erhalten in k. ‚Kallendresser'
[10] *Spervel*: falsch für ‚Sperver', oder doch ‚Mösch'(?)
[11] *der Koche schlonn*: vermutlich ein Kinderspiel (vgl. Topfschlagen)
[12] *'ner*: v; Sinn dt. ‚mit einer Stange'
[13] *opgehange*: Autor benutzt oft ‚op...' für ‚drop...'
[14] *Feldschötz*: v; früher, in der Zeit der Bauernbänke, ein ‚Feldhüter'
[15] *vleech*: v; k. ‚villleich'

Husmanns-Koss

Wat geiht et döckes klügdig en der Welt! –
Ne wahre Fastelovend eß et Levve,
En iev'ge Lotterie öm Got un Geld.
Als Ensatz muß mer so sing Arbeit gevve,
Mer mag derbei gewennen oder nit;
Dat steiht och en der Bibel ald geschrevve, –
Doch nirgends, wat mehr kritt!
Un mag der Minsch sich driehen oder wenge,
Hä muß doch Dag ob Dag,
Ov kriesch hä oder laach,
Parfoosch der Einsatz bränge.

Et Glöcksrat eß de Zick,
Der Zofall drieht un trick;
Dröm geiht et bei däm Spille
Zwor alle nit, doch ville
Nit räch noh'm Senn.
Woröm? – Der Loß sin vill, doch Treffer
Blotswinning dren
Do litt der Has em Pfeffer!

Gewennt och einer ens et große Loß,
Dann bruch hä för Quatteer, Muntor un Koß
Et Geld vun and're zwor nit mieh ze borge,
Doch mäht im dann der Richdum wider Sorge
Un mänchmol äckersch desto mieh Verdroß:
Bal muß hä rech'ne, mahne, schrieve,
Bal dräue met Gewalt,
För hin un her sing Röckständ enzedrieve;
Bal hät hä sich verzallt,
Bal muß hä öm Entresse,
Bal öm e Kapital –

Huusmannskoss

Wat geiht et döckes[1] klüchdig[2] en der Welt!
'Ne wohre Fastelovend es et Levve,
En iw'ge Lotterie öm God un Geld.
Als Ensatz muss mer jo sing Arbeid gevve,
Mer mag dobei gewenne oder nit.
Dat steiht och en der Bibel ald geschrevve,
Doch nirgends, wat mer kritt!
Un mag der Minsch sich drihe oder winge,
Hä muss doch Dag op Dag,
Ov kriesch hä oder laach,
Parfoosch[3] der Ensatz bränge.

Et Glöcksrad es de Zigg,
der Zofall driht un trick.
Dröm geiht et bei däm Spill
Zwor alles nit, doch vill
Nit rääch nohm Senn.
Woröm? – Der Los[4] sin vill, doch Treffer
Blodswinnig[5] dren,
Do litt der Has em Peffer.

Gewennt och einer ens et große Los,
dann bruch hä för Quartier, Montor un Koss
Et Geld vun and're zwor nit mih ze borge,
Doch mäht im dann dä Richdum widder Sorge
Un mänchmol eckersch deste mih Verdross:
Baal muss hä rechne, mahne, schrieve,
Baal dräue met Gewalt,
För hin un her sing Röckständ enzedrieve;
Baal hät hä sich verzallt,
Baal muss hä öm Interesse,
Baal öm e Kapital –

Eß en der Hipothek e Woot vergesse –
Met Ärger, Angs un Qual
Sich zänken un prozesse.

Un eß hä Dag un Naach
Nit luter drob bedaach,
Ze husen un ze spare,
Vör Löcher singe Rippet ze verwahre, –
Dann hät hä en der Welt
Pläseer un Got un Geld
Un alles g'nog un satt –
Och bal gehatt!!

Vum Huse kann sich nümmes dispenseere:
Nen angeseh'ne Mann,
(Exemple künnt mer jo dervun ziteere)
Der Klögste, Richste kann
Am hükste stonn vun alle,
Doch evvegots
Ganz unverhots
Am deefste falle!

Es en der Hypothek e Wood vergesse –
Met Ärger, Angs un Qual
Sich zänke un prozesse .

Un es hä Dag un Naach
Nit luuter drop bedaach,
Ze huuse[6] un ze spare,
Vör Löcher singe Rippet ze verwahre,
Dann hät hä en der Welt
Pläsier un God un Geld
Un alles g'nog un satt –
Och baal gehatt.

Vum Huuse kann sich nümmes[7] dispenseere:
'Nen angeseh'ne Mann,
(Exempel künnt mer jo dovun zitiere)
Der Klögste, Richste kann
Am hüchste stonn vun alle,
Doch evvegods[8]
Ganz unverhots[9]
Am deefste falle!

(Matthias Joseph DeNoël)

[1] *döckes*: v; k. ,off'
[2] *klüchdig*: v; (ndl.) dt. ,eigentümlich, sonderbar'
[3] *arfoosch*: v; (frz. par force), dt. ,durchaus, unter allen Umständen'
[4] *der Los*: Genetiv aus Reimgründen belassen
[5] *blod(s)winnig*: v; dt. ,blutwenig, äußerst wenig'
[6] *huuse*: dt. ,haushalten, wirtschaften'
[7] *nümmes*: v; dt. ,niemand'
[8] *evvegods*: v; dt. ,ebensogut'
[9] *unverhots*: v; dt. ,unverhofft'

Kinderkrätzger

Wat besteiht, all vergeiht, Stivvel, do muß sterve,
Selvs de Welt ens zerfällt, wie 'ne Pott en Scherve!
Jo! mer weed alt un beet, un en alle Glidder
Fingk mer off unverhoff Podagra un Zidder!
Wamm mer dann sing Plaat bekick, läuf de ganze Kinderzick
An der Siel vorüvver!
Wo mer sprung söns als Jung, wie de Hipp em Summer;
Wo mer woß vun Verdroß nix, un nix vun Kummer!

Öm de Senk deech gedrängk soßen hundert Junge,
Allerlei Schelmerei han mer do erfunge!
Kein Lantän noh ov fän leete mer am löchte,
Bes Scharschant Höllenbrand kräg uns bei de Böschte!
Och! wie mänche Serenad, wundervoll, noh Katzenaat,
Kräg dä Här Magister!
Ovens all en der Kall dät mehr Reedstöck schmore,
An der Sträuv ob der Läuv noh de Frembcher lore!

Un bei ehr stunte meer zärtlich an der Gader,
Bes dem Klatsch durch en Watsch maht en Engk der Vader!
Grund zum Kreeg fung sich leech, doch kei Minsch dät hüle,
Wann mer v'leech en't Geseech kräg och drückzehn Bühle!
Endlich, maht mer sich noh Hus, hing de kölsche Zeidung 'rus
Uns am Botzenboddem!

Kinderkrätzcher

Wat besteiht, all vergeiht, Stivvel, do muss sterve,
Selvs de Welt ens zerfällt, wie 'ne Pott en Scherve.
Jo, mer weede ald un beet, un en alle Glidder
Fingk mer off unverhoff Podagra[1] un Zidder.
Wann mer dann sing Plaat bekick, läuf de ganze Kinderzigg
An der Siel vorüvver.
Wo mer sprung söns als Jung, wie de Hipp em Sommer;
Wo mer woss vun Verdross nix, un nix vun Kommer.

Öm de Senk deech gedrängk soßen hundert Junge,
Allerlei Schelmerei han mer do erfunge.
Kein Lantään noh ov fään leete mer do leuchte,
Bes Scharschant Höllenbrand kräg uns bei de Bööschte.
Och, wie mänche Serenad, wundervoll, noh Katzen-
aat,
Kräg dä Herr Magister.
Ovends all en der Kall dät mer Reetstöck schmore,
An der Sträuf op der Läuf noh de Frembcher loore.

Un bei ehr stunnte mer zärtlich an der Gadder,
Bes däm Klatsch durch en Watsch maht en Engk der Vatter.
Grund zom Kreeg fung sich leich, doch kei Minsch dät hüüle,
Wann mer v'leich en 't Geseech kräg och drücksehn Büüle.
Endlich, maht mer sich noh Hus, hing de kölsche Zeidung 'rus
Uns am Botzeboddem.

En de Köch mer sich schlech höhsch dann ob de Ziehe,
Heimlich dät do de Mähd uns dä Boddem niehe!

Wat hatt mer nit Pläseer, och! dat gov e Krätzge,
Wann der Schnei zwei ov drei Fooß huh log om Plätzge!
Us dem Schnei met Juchhei wood en Popp geschustert,
Ei, wie nett, wie adrett han mer sei gemustert!
Ovends wood dä Poosch gesatz en de Dör der Juffer Latz
Un de Schell getrocke;
Un die Ahl maht Schandal, takker, ging dat Mülche,
Wann dä Mann laht sich dann ehr an't Hätze-külche!

Jugend-Mai, beß vörbei! Drüg un bal verschrumpelt,
Durch de Stroß, Foß vör Foß, mer am Stöckchen humpelt!
Zahn ob Zahn läuf vöran en et iw'ge Levve,
Un mer muß met Verdruß sich en't Engk ergevve!
Doch der Minsch, hä weed nit alt, trotz Plaat, Puckel, Pürk un Falt,
Bliev et Hätz nor munter!
Dröm herbei, Dommerei! Fott met Leid un Klage!
En de Reih' all herbei: loht mer uns zerschlage!

En de Köch mer sich schlech höösch dann op de Zihe,
heimlich dät do de Mäd uns dä Boddem nihe.

Wat hatt mer nit Pläsier, och, dat gov e Krätzche,
Wann der Schnei zwei ov drei Foß huh log om Plätzche.
Us däm Schnei met Juchei woodt en Popp geschustert,
Ei, wie nett, wie adrett han mer se gemustert.
Ovends woodt dä Poosch gesetz en de Dör der[2] Juffer Latz
Un de Schell getrocke;
Un die Aal maht Schandal, tacker[3], ging dat Müülche,
Wann dä Mann laht sich dann ehr an 't Hätze-
küülche.

Jugend-Mai, bes vörbei. Drüg un baal verschrum-
pelt,
Durch de Stroß, Foß vör Foß, mer am Stöckche humpelt.
Zahn op Zahn läuf voraan[4] en et iw'ge Levve,
Un mer muss met Verdross sich en 't Engk ergevve.
Doch der Minsch, hä weed nit ald, trotz Plaat, Puckel, Pürk un Fald,
Bliev et Hätz nor munter.
Dröm herbei, Dommerei! Fott met Leid un Klage!
En de Reih all herbei loot mer uns zerschlage.

(Jakob Dreesen)

[1] *Podagra*: (med.) dt. ‚Fußgicht'
[2] *der*: aus Rhythmusgründen so; k. ‚vun der Juffer'
[3] *tacker, tackerje, tackerent*: v; (frz. *sacré mort, sacrement*: Fluch aus der Zeit der napoleonischen Kriege, dt. ‚verflucht, kreuzsapperment'
[4] *voraan*: v; k. ‚vöraan'

Der kölsche Lohengrin

Op ihrer Burg zo Xante
Met allerhand Trabante,
Do wonnte ens en Tant:
Et Elsa vun Brabant.
It hat nit Va noch Moder
Un nur 'ne kleine Broder,
Dä hat se gruselich ömgebraht,
Su wood ehr noh gesaht.
Dröm dä Künning satz sich unger de Linde,
Un der Herold reef en alle Winde:
Dat geköpp et Elsa secher wööd,
Wann keinere vör ehr Unschold fechte köm,
We't sich gehö't.

Lang wollt' er keine kumme:
„Jawoll, gebacke Prumme!"
Su reef der Telramund,
Su geftig, we hä kunnt.
Et Els wor zo bedoore,
Dat ärm Minsch wor am loore
Noh einem vun der Ritterschaff,
Der Rhing erop, erav.
Do op einmol reef et Volk: „E Wunder!"
Denn et kom 'ne Schwan der Rhing erunder.
Vör dem Naache, dä dä Vugel trok,
Do stund 'ne schöne, stolze Kääl.
Der Telramund verschrok.

Un we en Donnerwedder,
Do kom hä glich an't Ledder
Dem falsche Telramund.
Dat wor dem Lump gesund.

Der Kölsche Lohengrin

Op ehrer Burg zo Xante
Met allerhand Trabante,
Do wonnte ens en Tant:
Et Elsa vun Brabant.
It hatt nit Va noch Mooder
Un nor 'ne kleine Broder,
Dä hatt se[1] gruselig ömgebraht,
Su woodt ehr[2] nohgesaht.
Dröm dä Künning satz sich unger de Linde
Un der Herold reef en alle Winde:
Dat geköpp et Elsa secher wöödt,
Wann keiner för ehr[3] Unschold fechte köm,
Wie 't sich gehööt.

Lang wollt er keine kumme:
„Jawoll, gebacke Prumme !"[4]
Su reef dä Telramund,
Su geftig, wie hä kunnt.
Et Els wor ze bedoore,
dat ärm Minsch wor am Loore
Noh einem vun der Ritterschaff,
Der Rhing erop, erav.
Do op eimol reef et Volk: „E Wunder!"
Denn et kom 'ne Schwan der Rhing erunder.
Vör dem Naache, dä dä Vugel trok,
Do stundt 'ne schöne, stolze Kääl.
Dä Telramund verschrok[5].

Un wie en Donnerwedder,
Do kom hä glich an 't Ledder
Däm falsche Telramund.
Dat wor däm Lump gesund[6]

Et Els wood freigesproche,
Un en de nähkste Woche
Spazee'te, prächtig opgekratz,
Dann hä un it noh'm Platz!
Och, en Esse! We dat gingk erunder:
Hummer, Lachs, e Ferken en Burgunder,
Dat dem Volk, dat hungrig Vivat reef,
Et Wasser en der Muul als we
En Senk zosammeleef.

Dat eß no zo gelunge,
Hä hät sich usbedunge,
Dat it nit froge sollt
En ihrer Ungedold:
Noh im, noh singem Wappe
Un wat för Deer drenn jappe,
Söns wör et Ihglöck vör de Katz,
Un glich wööd avgekratz!
Wören se no nett noh'm Bett gegange,
Hätt se nit zo frage angefange.
Doch om Kanapee de halve Naach,
Do soßen se un sungen se,
Wer hätt su jet gedaach!

Un we se su do soße,
Do kunnt sei't doch nit loße
Un saht vör ihre Mann:
„We heisch do eintlich dann?
Sag, heisch do Köbes, Pitter?
Wat beß do för 'ne Ritter?
Häß do die Vatter och gekannt?
Wo litt dien Heimatland?"
Och, do wood hä wieß als we 'ne Givvel,

Et Els woodt freigesproche,
Un en de nächste Woche
Spazeete, prächtig opgekratz,
Dann hä un it nohm Platz.
Och, en Esse! Wie dat ging erunder:
Hummer, Lachs, e Ferken en Burgunder,
Dat dem Volk, dat hungrig Vivat reef,
Et Wasser en der Muul als wie
En Senk zesammeleef.

Dat es no zo gelunge[7].
Hä hät sich usbedunge,
Dat it nit froge sollt
En ehrer Ungedold:
Noh im, noh singem Wappe
Un wat för Dier dren gappe
Söns wör et Ihglöck för de Katz,
Un glich wöödt avgekratz.
Wören se no nett nohm Bedd gegange,
Hätt se[1] nit ze froge aangefange.
Doch om Kanapee de halve Naach,
Do soßen se un sungen se,
Wä hätt su jet gedaach!

Un wie se su do soße,
Do kunnt se[1] 't doch nit looße
Un saht för ehre[8] Mann:
„Wie heiß do eintlich dann?
Sag, heiß do Köbes, Pitter?
Wat bes do för 'ne Ritter?
Häs do di Vatter och gekannt?
Wo litt di Heimatland?"
Och, do woodt hä wieß als wie 'ne Givvel,

Wödig fohr hä en de Wasserstivvel.
„Wer ich ben? Der Lohengrin ben ich,
Meer han jet an de Föß, Madam,
Versechern ich Üch!"

Un fleute op 'em Fleutche:
„Adjüs, adjüs, leev Bräutche!
Kick do, der Schwan, der Schwan!
Jitz kütt hä als eran."
Jitz liet sich nix mih maache!
Dann sprung hä en der Naache
Un winkte lang noch met der Hand
Dem Elsa vun Brabant.
En et Daschdooch kresch bedröv dat Irmche,
Un it schwenkte met dem Sonneschirmche.
Doch der Schwanenritter blees im jet.
Do ging it widder op de Burg
Un laht sich en et Bett.

Wödig fohr hä en de Wasserstivvel.
„Wä ich ben? Der Lohengrin ben ich,
Mer han jet an de Föß, Madame,
Versecheren ich üch!"

Un fleute op 'em Fleutche:
„Adjüs, adjüs, leev Bräutche!
Kick do, der Schwan, der Schwan!
Jetz kütt hä ald eraan."
Jetz liet sich nix mih maache!
Dann sprung hä en der Naache
Un winkte lang noch met der Hand
Dem Elsa vun Brabant.
En et Sackdoch kresch bedröv dat Irmche,
Un et schwenkte met dem Sonneschirmche.
Doch der Schwaneritter blees im jet.
Do ging et widder op de Burg
Un laht sich en et Bedd.

(Jakob Dreesen)

[1] *se*: k. ‚it'
[2] *ehr*: k. ‚im'
[3] *ehr*: k. ‚sing'
[4] *gebacke Prumme* (= weich Obst): RA: bedeutet eine ablehnende Antwort
[5] *verschrok*: aus Reimgründen so; k. ‚verschreckte'
[6] *dat wor däm Lump gesund*: RA: dt. ‚Schadenfreude'
[7] *dat es no zo gelunge*: RA; Sinn: k. ‚dat es ävver komisch, dat de dat erusgefunge häs'.
[8] *ehre*: k. ‚singe'

Zint Määte

Rings log et Land voll les un Schnei.
Zint Määte rett un rett
un wöhlten en der Mantel sich,
weil an der Kält hä lett.

Zint Määte kom zor Pooz erenn
un sohch op eimol, dat
em Schnei do soß ne Elendsmann,
dä kaum paar Pluuten hatt.

„Och Här, wat eß de Kält su groß",
sproch dä un wollt jet han.
Do nohm dä rude Mantel av
dä gode Rittersmann.

Un schnett in met däm Zabel durch,
deilt in met däm em Schnei;
un eh dä sich bedanke kunnt,
wor Määte längs vörbei

Kölsche Anatomie

De Minsche han en Aat sich uszedröcke
Un sage Wöder, die mer nit versteiht.
Et letz noch däten zwei am Nevvendesch sich plöcke,
Wie dat em lange Ihstand ab un an ens jeiht.

Se woren en der Weetschaff sich am Zänke.
„Do Plaatekopp", reef sei, „Do beß beklopp!"

Zint Määtes

Rings log et Land voll Ies un Schnei.
Zint Määtes rett un rett
Un wöhlten en der Mantel sich,
Weil an der Käld hä lett.

Zint Määtes kom zor Pooz eren
Un soch op eimol, dat
Em Schnei do soß 'ne Älendsmann,
Dä kaum paar Pluuten hatt.

„Och Häär, wat es de Käld su groß",
sproch dä un wollt jet han.
Do nohm dä rude Mantel av
Dä gode Rittersmann.

Un schnett in met däm Zabel durch,
Deilt' in met däm em Schnei.
Un ih dä sich bedanke kunnt,
Wor Määtes längs vörbei.

(Goswin Peter Gath)

Kölsche Anatomie

De Minsche han en Aat sich uszedröcke
Un sage Wööder, die mer nit versteiht.
Et letz noch däte zwei am Nevvendesch sich plöcke,
Wie dat em lange Ihstand av un aan ens geiht.

Se woren en der Weetschaff sich am Zänke.
„Do Plaatekopp", reef sei, „Do bes beklopp!"

„Do deis der janzen Dag nor an Ding Pluute denke",
Schannt hä, „ich jläuve wal, Do häß' ne Futz em Kopp!"

Dä Kääl wor jeck. Ich kunnt ihn nit kapeere!
„'ne Futz flüg nit vum Bötzje", daach ich meer,
„Et Ungerhemb erop, jeiht durch de Wäsch spazeere
Un qualmp am Hals vörbei tireck bis en de Beer.

Ov deit 'nen andre Wäg dä Döff sich nemme
Un dämp am Röckstrangk huh bis op de Läuv?
Ov muß hä üvver en Korsettstand klemme
Un mäht 'nen Ömwäg üvver't Blüsje huh nohm Häuv?

Un eesch am Kopp! – He mööt hä Klemmzög träcke.
Wie kütt 'ne Futz jetz hinger de Visaasch?
Ov durch de Muul? – He dät mer ihn doch schmecke,
Un an de Zäng vörbei fählt ihm wal de Kuraasch!"

Do süht mer widder, wat de Mannslück schänge
Hät off nit Hand un Foß, eß nit bedaach.
Se dun en ehrer Wot de Fott mem Kopp vermenge
Un maachen us 'nem kleine Futz 'nen Donnerschlag!

„Do deis der ganzen Dag nor an Ding Pluute denke",
Schant hä, „Ich gläuve wall, do häs 'ne Futz em Kopp!"

Dä Kääl wor jeck. Ich kunnt in nit kapeere!
„'Ne Futz flüg nit vum Bötzche", daach ich mir,
„Et Ungerhemb erop, geiht durch de Wäsch spazeere
Un qualmp am Hals vörbei tirek bes en de Bier.

Ov deit 'nen andre Wäg dä Döff sich nemme
Un dämp am Röggstrang huh bes op de Läuv?
Ov muss hä üvver en Korsettstang klemme
Un mäht 'nen Ömwäg üvver't Blüsche huh nohm Häuv[1]?

Un eesch am Kopp! – Hee mööt hä Klemmzög trecke.
Wie kütt 'ne Futz jetz hinger de Visage?
Ov durch de Muul? – Hee dät mer in doch schmecke,
Un an de Zäng vörbei fählt im wall de Courage."

Do süht mer widder, wat de Mannslück schänge
Hät off nit Hand un Foß, es nit bedaach.
Se dun en ehrer Wod de Fott mem Kopp vermenge
Un maachen us 'nem kleine Futz 'nen Donnerschlag.

(B. Gravelott)

[1] *Häuv*: v; k. ‚Haup'

Aprel

Dä Stropp mäht janix akurat,
hält Rähn un Sonnesching parat.
Met Hagel, Bletz un Donnerschlaach
fäch hä de Panne vun dem Daach.

Ne Wolkeberch kütt anjejöck.
Et rähnt und rähnt an einem Stöck.
Dozwesche danze Flöckcher Schnei,
als blees dä Stropp se durch en Seih.

Jih trick hä sich de Backe voll,
blös en de Wolke raderdoll.
Hängk bloe Botze op de Läuv
un och de Sonn weed avjestäuv.

Doch dat jefällt im widder nit.
Hä kromp en neue Wolkeschwitt
us jeder Himmelshött erus.
Süch, dobei laach dä Stropp noch lus.

Wad nor, mer han dich bal jepack;
dann stich et Johr dich en der Sack.
No luuscht ens, summp do nit en Bei?
Jo, durch de Britz spingks allt der Mai.

Aprel

Dä Stropp mäht gar nix akkurat,
häld Rähn un Sonnesching parat.
Met Hagel, Bletz un Donnerschlag
Fäg hä de Panne vun dem Daach.

'Ne Wolkeberg kütt aangejöck,
et rähnt un rähnt an einem Stöck.
Dozwesche danze Flöckcher Schnei,
wie blees dä Stropp se durch en Seih[1].

Jih trick hä sich de Backe voll,
blös en de Wolke raderdoll.
Hängk blaue Botze op de Läuv
Un och de Sonn weed avgestäuv.

Doch dat gefällt im widder nit.
Hä kromp en neue Wolkeschwitt
us jeder Himmelshött erus.
Süch, dobei laach dä Stropp noch luus.

Waad nor, mer han dich baal gepack,
dann stich et Johr dich en der Sack.
No luuscht ens, summp do nit en Bei[2]?
Jo, durch de Ritze spingks ald der Mai.

(Heinz Heger)

[1] *Seih*: v; dt. ‚Seihe, Sieb'
[2] *Bei*: v; dt. ‚Biene'

Et Büttche!

Et Büttche wor et eesch der Jroß,
die brooch dat för zo bihe.
Se hatt e Elsteraug am Foß,
jrad ungerm decke Zihe.

Et Büttche kräg donoh de Tant,
die kunnt en Hölp verdrage.
Sechs Junge woren allerhand,
dat kann ich üch wal sage.

Ens – wie dä Kreß jehierodt hät,
der äldste von dä Junge,
do stund et Büttche ungerm Bett.
Der Abtrett wor janz unge.

Wat hät dat Büttche all erläv,
wat künnt et üch verzälle!
Mer sohch et an däm Knies un Kläv,
an Puckele un Delle.

Hück wood et Büttche staats jeschrupp,
en „Party" eß em Jade.
Do steit et – haa – voll Ähzezupp.
non dun de Wöösch dren bade.

Et Büddche

Et Büddche wor et eesch der Groß,
die broht dat för zo Bihe[1].
Se hatt e Elsteraug am Foß,
grad ungerm decke Zihe[2].

Et Büddche kräg donoh de Tant,
die kunnt en Hölp verdrage.
Sechs Junge woren allerhand,
dat kann ich üch wall sage.

Ens – wie dä Chress gehierodt hät,
dä äldste vun dä Junge,
do stundt et Büddche ungerm Bedd.
Der Abtredd wor ganz unge.

Wat hät dat Büddche all erläv,
wat künnt et üch verzälle!
Mer soch et an däm Knies un Kläv,
an Puckele un Delle.

Hügg woodt et Büddche staats geschrupp,
en „Party" es em Gaade.
Do steiht et – haa – voll Ääzezupp,
no dun de Wöösch dren bade.

(Heinz Heger)

[1] *bihe*: v; dt. ‚durch (feuchte) Umschläge wärmen'
[2] *Zihe*: ‚e' aus Reimgründen

Dä Här Kompjuuter!

Do beß en Nummer, weiß do dat,
un doch kei unbeschrevve Blatt.
Dä Här Kompjuuter, noch nit alt,
pack dich am Schleppe met Jewalt.
Do weesch durchleuch vun Kopp bes Foß,
ov do ne Stätz häß ov en Dos,
ov do en Quisel beß, en Krad,
wie off do dinge Balg jebadt,
ov do ne Schnäuzer häß, ne Baat,
ne Lockekopp ov nor en Plaat,
ov do ding Schohn jeödt, jelapp,
ov do ne Hot drähs ov en Kapp,
un ov do Strüh häß em Jeheen,
ov spetze udder runde Kneen,
ov do ne Hungk häß ov en Katz,
ov rud ding Weß eß ov se schwatz,
ov do ne Pott häß ungerm Bett,
en Broß, ov nor en Ääz om Brett,
ov do jesesse en der Blech,
ding Hoor jefärv sin udder äch
un dit un dat, op jede Fall,
dä Här Kompjuuter weiß et all.

Dä Här Kompjuuter friß dich op
met Stump un Stätz; verloß dich drop.

Et Levve süht bedröppelt us,
beß nit mih Här em eije Hus.
Dä Här Komjuuter nevven deer
zällt dinge Kunjak, zällt di Beer.
Hä zällt en dinger Schnüß de Zäng
un kläv deer Wanze an de Wäng,

Dä Herr Computer

Do bes en Nummer, weiß do dat,
un doch kei unbeschrevve Bladd.
Dä Herr Computer, noch nit ald,
pack dich am Schleppe met Gewalt.
Do wees durchleuch vun Kopp bes Foß,
ov do 'ne Stätz häs ov en Dos,
ov do en Quisel bes, en Krad,
wie off do dinge Balg gebadt,
ov do 'ne Schnäuzer häs, 'ne Baat,
'ne Lockekopp ov nor en Plaat,
ov do ding Schohn geöödt, gelapp,
ov do 'ne Hot drähs ov en Kapp,
un ov do Strüh häs em Geheen,
ov spetze oder runde Kneen,
ov do 'ne Hungk häs ov en Katz,
ov rud ding Wess es ov se schwatz,
ov do 'ne Pott häs ungerm Bedd,
en Bross, ov nor en Ääz om Bredd,
ov do gesesse en der Blech,
ding Hoor gefärv sin oder ech,
un dit und dat, op jede Fall,
dä Herr Computer weiß et all.

Dä Herr Computer friss dich op
met Stump un Stätz, verloss dich drop.

Et Levve süht bedröppelt us,
bes nit mih Häär em eige Huus.
Dä Herr Computer nevven dir
zällt dinge Konjak, zällt di Bier.
Hä zällt en dinger Schnüss de Zäng
un kläv der Wanze an de Wäng,

luusch op ding Wööt un op ding Fütz
un weiß, ov do et Liß jebütz.
Hä weiß och, ov do Schweißföß häß
un wie et rüch us dinger Freß.
Hä weiß, do iß jän Fuustekies,
ov do mem Kett schliefs ov mem Nies.
Hä kennt ding dreckelije Wäsch
un zällt ding Jrosche en der Täsch,
hä weiß, ov do di Föttche schwenks,
e Auto ov en Pädskar lenks,
ov do de Pell schlecks udder nit,
wat et Finanzamp von deer kritt,
ov do ne Schletz häß en der Botz,
em Sackdoch Mömmese un Rotz,
un dit un dat, op jede Fall,
dä Här Kompjuter weiß et all.

Dä Här Kompjuuter friß dich op
met Stump un Stätz; verloß dich drop.

luusch op ding Wööd un op ding Fütz
un weiß, ov do et Lis gebütz.
Hä weiß och, ov do Schweißföß häs
un wie et rüch us dinger Fress.
Hä weiß, do iss gään Fuustekis[1],
ov do mem Kätt schliefs ov mem Nies.
Hä kennt ding dreckelige Wäsch
un zällt ding Grosche en der Täsch,
hä weiß, ov do di Föttche schwenks,
e Auto ov en Päädskaar lenks,
ov do de Pell schlecks oder nit,
wat et Finanzamp vun dir kritt,
ov do 'ne Schletz häs en der Botz,
em Sackdoch Mömmese un Rotz,
un dit und dat, op jede Fall,
dä Herr Computer weiß et all.

Dä Herr Computer friss dich op
met Stump un Stätz, verloss dich drop.

(Heinz Heger)

[1] *Fuustekis*: dt. ‚kleiner Handkäse'

Am Johresengk

No läht et ahle Johr sich nidder.
Möd sin sing Bein un och allt stief.
Der Zidder läuf durch alle Jlidder,
un op de Hoore litt der Rief.

Op singem lange, wigge Wäch,
loch Ies un Schnei, feel Rähn, brannt Hetz,
un all die Woche, Näächte, Däch,
han Falde en sing Huck jeretz.

Däm hät et Freud jebraht un Jlöck,
däm Trone nor un Leid.
Mänch einem wor et och de Bröck
erüvver en de Iwichkeit.

Zwölf Klockeschläch, dann kütt si Engk.
Et neue Johr allt lo't.
Doch wat et en de Täsche brängk
weiß keiner, dat eß jot.

Denkt ens dodran! Em nöhkste Johr
bliev och de Zick nit ston.
Ov jries no eß, ov schwatz et Hoor,
mer müsse all ens jon.

Wie et och kütt, zo däm do bovve,
loßt stell de Häng uns falde.
Hä hät uns us dem Stöbb jehovve
Un well uns wigger halde.

Am Johresengk

No läht et aale Johr sich nidder.
Möd sin sing Bein un och ald stiev.
Der Zidder läuf durch alle Glidder,
un op de Hoore litt der Rief.

Op singem lange, wigge Wäg,
log Ies un Schnei, feel Rähn, brannt Hetz,
un all die Woche, Näächte, Däg,
han Falde en sing Hugg geretz.

Däm hät et Freud gebraht un Glöck,
däm Trone nor un Leid.
Mänch einem wor et och de Bröck
Erüvver en de Iwigkeit.

Zwölf Glockeschläg, dann kütt si Engk.
Et neue Johr ald loot.
Doch wat et en de Täsche brängk,
Weiß keiner, dat es god.

Denkt ens dodraan! Em nächste Johr
Bliev och de Zigg nit stonn.
Ov gries no es, ov schwatz et Hoor,
mer müsse all ens gonn.

Wie et och kütt, zo däm do bovve,
loht stell de Häng uns falde.
Hä hät uns us dem Stöbb gehovve
Un well uns wigger halde.

(Heinz Heger)

Ming eeschte Bich

Vör däm Bichte hatt ich als Kind lang Zick Kamasche, weil ne große Jung eimol, wie ich em Spieße Gade met nem Knöppel Aeppel vun de Bäum worf, säht, dat mööt ich bichte. Bichte? Ich woß ganit, wat dat wor, ävver et moot jet Fieses sin. Eesch wie ich däm Jung ne decke Appel üvver de Britz geworfe hat, sähte, ich brööch et doch nit ze bichte. Do ging die Angs jet fott, ävver ganz dät ich däm Fredde doch nit traue.

Zum zwettemol wood ich drop gestosse, wie ich mie Vatter en der Kirch ens höösch froge dät, wat die Lück luuter an däm kleine Hüs'che lore gingke? Wat hinger dem bloe Doch an d'r Sich ze sin wör? Wie meer späder op der Stroß wore, säht mie Vatter, en däm Hüs'che künnt mer nix sin, do söß dä Här Pastur dren, un däm mööten die Lück alles sage, wat se Schlemmes gedon hätten. Ich sagte: „Och wenn se Äppel geklaut han?" „Ija", meint mie Vatter. „Och wenn se däm Pussi ens op dä Stätz getrodde han?" „Ija, och dat, wa'mer im nor wieh dun wollt", meinte er. „Och wenn se e ander Kind gespaut han?" „Och. Alles wat nit brav eß, muß mer bichte." Bichte. Do wor dat Woot widder, wat ich bal vergesse hatt. Ich han mie Vatter leever nix mih gefrog, wenn ich och noch allerlei om Hätze hatt. Jedenfalls woß ich jetz: „Bichte eß jet Schlemmes, vör däm mer sich en aach nemme moot". Wie unse Här Pastur eines Dags om Schulhoff jet ärg en ming Nöh kom, han ich mich flöck hinger däm Pissäng verstoche. Mer woß jo nit, wat hä wollt.

Am schlemmste wor et ävver, wie ne Gesell vun uns meer op ming Frog noh'm Bichte, säht, wa'mer bichte ging un hätt jet ganz Schlemmes gedon, kräg mer ne Näl en dä Kopp geschlage. Ich sagte: „Och, wa'mer nor ens an singem Papa sing lang Pief getrocke hät?" „Grad dat", säht dä Gesell, „eß en Dutsünd, un ne Jung, dä su jet deit, kritt su ne decke Näl erenngepennt". Dobei zeigten hä meer ne

Ming eeschte Bich

Vör däm Bichte hatt ich als Kind lang Zigg Kamasche, weil 'ne große Jung eimol, wie ich em Spieße Gaade met 'nem Knöppel Äppel vun de Bäum worf, säht, dat mööt ich bichte. Bichte? Ich woss gar nit, wat dat wor, ävver et moot wall jet Fieses sin. Eesch wie ich däm Jung 'ne decke Appel üvver de Britz geworfe hatt, säht hä, ich bröht et doch nit zo bichte. Do ging die Angs jet fott, ävver ganz dät ich däm Fridde doch nit traue.

Zom zweitemol woodt ich drop gestosse, wie ich mi Vatter en der Kirch ens höösch froge dät, wat die Lück luuter an däm kleine Hüüsche loore gingke, wat hinger däm blaue Doch an der Sigg zo sinn wör. Wie mer späder op der Stroß wore, säht mi Vatter, en däm Hüüsche künnt mer nix sinn, do söß der Herr Pastur dren, un däm mööten de Lück alles sage, wat se Schlemmes gedon hätte. Ich sage: „Och, wann se Äppel geklaut han?" „Eja", meint mi Vatter. „Och, wann se däm Pussi ens op der Stätz getrodde han?" „Eja, och dat, wann mer im nor wih dun wollt", meinte hä. „Och, wann se e ander Kind gespäut han?" „Och. Alles wat nit brav es, muss mer bichte." Bichte. Do wor dat Wood widder, wat ich baal vergesse hatt. Ich han mi Vatter leever nix mih gefrog, wann ich och noch allerlei om Hätze hatt. Jedenfalls woss ich jetz: „Bichte es jet Schlemmes, vör däm mer sich en Aach nemme moot". Wie unse Hääre Pastur eines Dags om Schullhoff jet ärg en ming Nöh kom, han ich mich flöck hinger dem Pissäng[1] verstoche. Mer woss jo nit, wat hä wollt.

Am schlemmste wor et ävver, wie 'ne Gesell vun uns mer op ming Frog nohm Bichte, säht, wann mer bichte ging un hätt jet Schlemmes gedon, kräg mer 'ne Nähl en der Kopp geschlage. Ich sage: „Och, wann mer nor ens an singem Papa singer lang Pief getrocke hätt?" „Grad dat", säht dä Gesell, „es en Dudsünd, un 'ne Jung, dä su jet deit, kritt su 'ne decke Nähl erengepennt." Dobei zeigte hä

Sechszöller, dä meer durch den ganze Kopp bes deef en dä Buch gange wör.

Ich h a t t et gedon, jetz woß ich, woröm et meer hinderher su schlääch gewode wor. En Dutsünd! An däm Dag hät meer et Esse nit richtig geschmeck, un ich hann meer su off an dä Kopp gefohlt un probee't wo dä Näl am flöckste erenging, dat mie Vatter säht: „ Wat riefste luuter om Kopp eröm. Fählt deer jet?" Mie Mutter meint: „Hä hät am Engk en d'r Schull jet gefange. Gevv ens et Kämmche heer."

Melder, und ganit su ärg wor die Sach, wie unse Kaplon uns dann en d'r Schull üvver et Bichte spreche dät. Wie ich in no däm Näl frogte, hätte mich laut usgelaach und gesaht, zwesche däm geistliche Här un däm, dä bichte wöllt, wör sugar noch en klein Britz, un mehr künnt jo noch nit ens einem an de Ohre krumme, wat mänchmol ärg nüdig wör. Un ob ich meint, dä Geistliche dät immer ne decke Hammer un en Keß Näl met sich eröm schleife? Dä hätt am Gebettboch grad genog ze drage. Die klein Britz wor meer tirek sympathisch un ich daach: „Besser eß besser, besondersch wenn mer zu vil Dutsünde gedon hät". Wie unse Kaplon et uns gesaht, han ich meer dann vör däm eeschte Bichte alle Sünde op ne Zeddel geschrevve. Eesch wollt ich et met mingem Fründ Pitter zosamme maache. Däm sie Vatter hatt Drievhüser, un en einem dovun ha'meer angefange. Ävver wie dä Pitter all ming Sünde abschrieve wollt un och noch säht, „ehebrechen" wööd met „sch" geschrevve, han ich däm singe Zeddel flöck zerresse und ben laufe gange. Ich han mich dann en ner Sandkul, die stell log, op ne Sandhaufe gesatz un en ganze Sick voll Sünde geschrevve. Wie ich heimkomm, säht mie Mutter: „Wo worsch do su lang?"

Ich sage: „Ich han ming Sünde opgeschrevve; meer gon doch morge bichte." Dann han ich minger Mutter och verzallt, dat ich däm Pitter singe Zeddel zerresse hätt, un woröm. Se meint, ich hätt jo rääch, „ehebrechen" wödd nit mer 'ne Sechszöller, dä mer durch der ganze Kopp bes deef en der Buch gange wör.

Ich h a t t et gedon, jetz woss ich, woröm et mer hingerher su schlääch gewoode wor. En Dudsünd! An däm Dag hät mer et Esse nit richtig geschmeck, un ich han mer su off an der Kopp gefohlt un probeet, wo dä Nähl am flöckste erenging, dat mi Vatter säht: „Wat rievs do luuter om Kopp eröm. Fählt dir jet?" Mi Mutter meint: „Hä hät am Engk en der Schull jet gefange. Gevv ens et Kämmche her."

Melder, un gar nit su ärg wor die Saach, wie unse Kaplon uns dann en der Schull üvver et Bichte spreche dät. Wie ich in noh däm Nähl frogte, hät hä mich laut usgelaach un gesaht, zwesche dem geisliche Häär un däm, dä bichte wöllt, wör sugar noch en klein Britz, un mer künnt jo noch nit ens einem an de Ohre kumme, wat mänchmol ärg nüdig wör. Un ov ich meint, dä Geisliche dät immer 'ne decke Hammer un en Kess Nähl met sich erömschleife! Dä hät am Gebeddboch grad genog zo drage. Die klein Britz wor mer tirek sympathisch un ich daach: „Besser es besser, besonders, wann mer zo vill Dudsünde gedon hät." Wie unse Kaplon et uns gesaht, han ich mer dann vör däm eeschte Bichte alle Sünde op 'ne Zeddel geschrevve. Eesch wollt ich et met mingem Fründ Pitter zosamme maache. Däm si Vatter hatt Drievhüüser, un en einem dovun han mer aangefange. Ävver wie dä Pitter all ming Sünde avschrieve wollt un och noch säht, „ehebrechen" wöödt met „sch" geschrevve, han ich däm singe Zeddel flöck zerresse un ben laufe gange. Ich han mich dann en 'ner Sandkuhl, die stell log, op 'ne Sandhaufe gesatz un en ganze Sigg voll Sünde geschrevve. Wie ich heimkom, säht mi Mutter: „Wo wors do su lang?"

Ich sage: „Ich han ming Sünde opgeschrevve; mer gonn doch morge bichte." Dann han ich minger Mutter och verzallt, dat ich däm Pitter singe Zeddel zerresse hätt, un woröm. Se meint, ich hätt jo rääch, „ehebrechen" wöödt met „sch" geschrevve, ävver dat bröhte meer Kinder jo nit zu schrieve. Ich sagte: „O jo, ich han ens gebroche, wie ich däm Papa an d'r lang Pief getrocke han. Dat dun ich ävver nit mih." Se meint: „Dat eß jo schlemm, ävver wennste et mir jitz gesaht häß, bruchste et nit mih extra ze bichte. Komm, gevv meer ens dinge Bichzeddel, ich lore nor ens, ov do nit ze vil Fähler gemaht häß." Dann gov se sich op eimol dran un dät en ganze Reih Sünde striche. Dat gefeel meer nit; denn et woren och schöne Sünde bei denne Gestrechene. De Mutter meint, wenn se all su ne große Zeddel hätten, kömen se jo ganit all beim Bichte dran, un dä Här Pastur un Kaplon wöödten jo och ens möd.

Am andere Dag han ich dann gebich. Et wor nit ganz eifach, weil ich em Halvdüüstere kaum jet lese kunnt un ich üvverhaup kein Sünde mih woß. Wie ich dann endlich fädig wor un dä Kaplon frogte, ov et jetz alles wör, han ich im ihrlich gesaht, dat mie Mutter meer su vil Sünde gestreche hätt. Do meinte hä, ich soll räuhig de Mutter froge; die wöß am beste, wat ich bichte mööt.

D'rheim gov et, weil alles su got gegange wor, en decke Schiev Koche. Vun meer us wör ich am andere Dag ald widder gange.

Buchping

Dä Jüppemann hatt Buchping,
Hä jömerte eröm.
Sie Mutter schott dä Kopp nor
Un säht: „Ich göv jet dröm,
Wann ich jitz wöß, womet hä
Sich blos verdorve hät!
Et Bunneschlot schmook lecker,

nit met „sch" geschrevve, ävver dat bröhte mir Kinder jo nit zo schrieve. Ich sage: „O jo, ich han ens gebroche, wie ich däm Papa an der lang Pief getrocke han. Dat dun ich ävver nit mih." Se meint: „Dat es jo schlemm, ävver wann do et mir jetz gesaht häs, bruchs do et nit mih extra zo bichte. Kumm, gevv mer ens dinge Bichzeddel, ich loore nor ens, ov do nit zo vill Fähler gemaht häs." Dann gov se sich op eimol draan un dät en ganze Reih Sünde striche. Dat gefeel mer nit, dann et woren och schöne Sünde bei denne gestrechene. De Mutter meint, wann se all su 'ne große Zeddel hätte, kömen se jo gar nit all beim Bichte draan, un dä Herr Pastur un Kaplon wöödte jo och ens möd.

Am andere Dag han ich dann gebich. Et wor nit ganz einfach, weil ich em Halvdüstere kaum jet lese kunnt un ich üvverhaup kein Sünde mih woss. Wie ich dann endlich fäädig wor un dä Kaplon frogte, ov et jetz alles wör, han ich im ihrlich gesaht, dat mi Mutter mer su vill Sünde gestreche hätt. Do meint hä, ich soll räuhig immer de Mutter froge, die wöss am beste, wat ich bichte mööt.

Doheim gov et, weil alles su god gegange wor, en decke Schiev Koche. Vun mir us wör ich am andere Dag ald widder gange.

(Suitbert Heimbach)

[1] *Pissäng*: v; dt. ‚im Pissoir'

Buchping

Dä Jüppemann hatt Buchping,
Hä jöömerten eröm.
Si Mutter schodt[1] der Kopp nor
Un säht: „Ich göv jet dröm,
Wann ich jetz wöss, womet hä
Sich bloß verdorven hät!
Et[2] Bunneschlot schmok lecker,

Die Zupp wor nit ze fett.
Un an däm Pannekoche
Litt et geweß och nit;
Mer deit doch eesch probeere,
Wat mer dä Puute gitt.
Am Engk wor et die Brotwoosch,
Ich gläuv, die hatt ne Stech;
Die Zaus kann et nit schold sin;
Die wor gelängk un fresch.
Wat hät hä söns noch gesse?
Die Prumme wore rief,
Vileech dat Frikadellche,
Litt im jet schwer em Liev.
Söns nohm hä doch nix zo sich;
Dat weiß ich ganz genau,
Nor hingerher ne Rollmops,
Un dann en Taß Kakau!"

Dann eß Winter!

Wenn de Äd et wieße Kleid
Höösch hät angetrocke,
Un mer widder schätze deit
Decke wölle Socke,
Wa'mer schleit dä Krage huh,
Un bei einem Randewu
Trampelt we ne Sprinter:
Dann eß Winter.

De Zupp wor nit ze fett.
Un an däm Pannekoche
Litt et gewess och nit;
Mer deit doch eesch probeere,
Wat mer dä Puute gitt.
Am Engk wor et die Blodwoosch,
Ich gläuv, die hatt 'ne Stech;
Die Zaus kann et nit schold sin,
Die wor gelängk un fresch.
Wat hät hä söns noch 'gesse[3]?
Die Prumme wore rief;
Villleich dat Frikadellche,
Litt im jet schwer em Liev.
Söns nohm hä doch nix zo sich,
Dat weiß ich ganz genau.
Nor hingerher 'ne Rollmops,
Un dann en Tass Kakau!"

(Suitbert Heimbach)

[1] *schodt*: v; k. ,schödde' = ,schöddele'
[2] *Et* : v; k. ,der'
[3] *'gess*e: k. ,gegesse'; Kurzform wegen des Rhythmus

Dann es Winter

Wann de Ääd et wieße Kleid
Höösch hät aangetrocke,
Un mer widder schätze deit
Decke wölle Socke,
Wa'mer schleiht der Krage huh,
Un bei enem Randewu[1]
Trampelt wie ne Sprinter:
Dann es Winter.

Wa'mer op de Stroße kann
Wärm Kuschteie kaufe,
Un dä heiße Wöschgesmann
Op un av süht laufe,
Wenn die Puute Bahne schlon,
Dat mer kaum kann wiggergon,
Schreit noh Äsch un Zinter:
Dann eß Winter!

Wenn de Mösche ganz bedröv
En de Hecke waache,
Un mer ald beim Kaffe röf:
„Dun de Lamp anmaache,
Wenn e Lüffche druuße pief,
Dat vör Kält de Nas enschlief,
Stich wie dausend Splinter:
Dann eß Winter!"

Am Römertoon ne Kregsmann stundt

Am Römertoon ne Kregsmann stundt
Op Posten an der Stroße.
Schrett op un av de zwölfte Rund,
Un hoot en Tuba blose.

Beflögelt vun der Fantasie,
Duusch et im us der Fäne:

Wa'mer op de Stroße kann
Wärm Kuschteie kaufe,
Un dä heiße Wööschchesmann
Op un av süht laufe,
Wann de Puute Bahne schlonn,
Dat mer kaum kann wiggergonn,
Schreit noh Äsch un Zinter[2]:
Dann es Winter.

Wann de Mösche ganz bedröv
En de Hecke waache,
Un mer ald beim Kaffee röf:
„Dun de Lamp aanmaache!"
Wann e Lüffche drusse pief,
Dat vör Käld de Nas enschlief,
Stich wie dausend Splinter:
Dann es Winter.

(Suitbert Heimbach)

[1] *Randewu*: frz./dt. ‚Rendezvous'
[2] *Zinter*: v; dt. ‚Ofenschlacke'

Am Römertoon 'ne Kreegsmann stundt

Am Römertoon 'ne Kreegsmann stundt
Op Posten an der Stroße,
Schrett op un av de zwölfte Rund,
Un hoot en Tuba blose.

Beflögelt vun der Fantasie,
Duusch[1] et im us der Fääne:

„Zwor klingk us Rom en Melodie,
Doch winken deer kein Stäne!"

„Sall widder ich als Sklav zoröck
Noh Therme un Paläste,
Un zosinn vun der Tiberbröck,
Wie Roma feert sing Feste?

Sall einsam ich em Vörhoff ston
Dann, wann et juhz en Schänke?
Schwatzäugig Kind, do leets mich gon,
Nem Andre golt dien Denke!" –

Wie jetz em Sturm ne Baumaß broch,
Un raselte wie Schlange,
Kom us der Stadt mem Wasserkrog
En Ubierin gegange.

Dä Kregsmann sohch dat nette Weech,
Hä sohch sie Goldhoor strohle,
Hä sohch e Müngkche wie en Keesch,
Hä sohch – e Kind zom Mole!

„Do beß de Schönste he em Land!"
Säht hä dem Weech vun Kölle,
Dät im am Plötz huh bis zum Rand
Der Krog met Wasser fölle.

Doch och dat Kind stundt wie em Bann,
Et funkelten sing Blecke:
„Wöß gän, ov vun däm fremde Mann
E Bützche got dät schmecke!"

„Zwor klingk us Rom en Melodie,
Doch winken der kein Stääne!"

„Soll widder ich als Sklav zoröck
Noh Therme un Paläste,
Un zosinn vun der Tiberbröck,
Wie Roma fiert sing Feste?

Soll einsam ich em Vörhoff stonn
Dann, wann et juuz en Schänke?
Schwatzäugig Kind, do leets mich gonn,
'Nem andre goldt ding Denke!"

Wie jetz em Sturm ne Baumass broch,
Un raselte² wie Schlange,
Kom us der Stadt mem Wasserkrog
En Ubierin gegange.

Dä Kreegsmann soch dat nette Weech,
Hä soch si Goldhoor strohle,
Hä soch e Müngche wie en Keesch,
Hä soch – e Kind zom Mole.

„Do bes de Schönste hee em Land!"
Säht hä däm Weech vun Kölle,
Dät im am Pötz huh bes zom Rand
Der Krog met Wasser fölle.

Doch och dat Kind stundt wie em Bann,
Et funkelte sing Blecke:
„Wöss gään, ov vun däm fremde Mann
E Bützche god dät schmecke."

Jetz satz dä Poosch die Steinteut av
Em Pöözchen unger'm Boge,
Un meint: „Komm met der Wall erav,
Ich mööch dich gän jet froge!"

Wo an däm Waachhus en Lantän
Deit noh der Burgmor blänke,
Klungt et ganz höösch: „Ich han dich gän,
Wells do dien Hätz meer schenke?"

Hä leet däm kölsche Kind kein Rauh,
Dat daach an spät're Dage:
„Schaff eesch en Kau – dann kütt de Frau"
Dät it de Waach ansage.

„Och dinge Name mungk meer nit,
Kann mich nit dran gewenne,
Dröm, wann ens en de Weg jet kütt,
Dun mer et ‚Schmitz' benenne!"

Dä gode Zöbbel wor e Lamm
Un dät dem Weech der Welle.
Su kom et, dat der Schmitze-Stamm
Och hück noch blöht en Kölle!

Jetz satz dä Poosch de Steinteut av
Em Pöözche ungerm Boge,
Un meint: „Kumm met der Wall erav,
Ich mööch dich gään jet froge!"

Wo an däm Waachhuus en Lantään
Deit noh der Burgmoor blänke,
Klung et ganz höösch: „Ich han dich gään,
Wells do di Hätz mer schenke?"

Hä leet däm kölsche Kind kein Rauh,
Dat daach an späd're Dage:
„Schaff eesch en Kau – dann kütt de Frau!"
Dät it de Waach aansage[3].

„Och dinge Name mungk mer nit,
Kann mich nit dran gewenne,
Dröm, wann ens en de Weeg jet kütt,
Dun mer et ‚Schmitz' benenne!"

Dä gode Zöbbel wor e Lamm
Un dät däm Weech der Welle.
Su kom et, dat der Schmitze-Stamm
Och hügg noch blöht en Kölle.

(Wilhelm Hoßdorf)

[1] *Duusche*: v; k. ‚ruusche'; dt. ‚rauschen'
[2] *rasele*: v; dt. ‚vor Kälte oder Schrecken zittern'; k. ‚ziddere'
[3] *De Waach aansage*: RA, dt. ‚den Befehl bringen, mitteilen; einem unangenehm werden'

Emanzipation?

Mer sprich hückzedag luuter vun Emanzipation, ävver ich meine: Et jitt do jewesse jeschlechlich bedingte Ungerschiede zwesche Mannskähls un Fraulück, die mer nit esu einfach üvversinn kann!

Wann zom Beispill nen emanzipeete Minsch singen Ehepartner frög: „Schatzi, kanns de meer nit jrad ens hundert Mark jevve? Ich bruche janz nüdig nen neue Hot!" – dann säht en Frau: „Hundert Mark? Beß de noch ze rette? Wo soll ich dann hundert Mark hernemme? Et Wochejeld reck vöre nit un hinge nit, un Do wells hundert Mark han! Ich muß doch jede Mark zigmol un noch ens zigmol erömdriehe, wann ich mer ald ens bloß en Kleinigkeit erlaube well. – Jaaa, die Müllersch von nevvenahn, die käuf sich jede Woch ne neue Hot! Vun de Pelzmäntel un von de Kleider un vun de Schohn, die die sich leiste kann, weil ich jo ald jarnit spreche. – Un wie laufen ich eröm? Belohr mich doch! Ich kann mich drusse enn minge altfränksche Pluute üvverhaup nit mieh sinn looße! Un Do verlangs von mer hundert Mark?! Dat ich nit laache. Do ärmen Höösch deis jo ahn Jrößenwahn ligge. Weiß de, e beßje eß jo niedlich, ävver do beß ald zo niedlich. – Hundert Mark! Hundert Mark för ne neue Hot! Un wo blieven ich?"

Wie anders reajeet doch do der Mann! Hä beantwoot su'n Frog vun singer Frau einfach un sachlich un säht bloß: „Nä!"

Emanzipation?

Mer sprich hüggzedag luuter vun Emanzipation, ävver ich meine: Et gitt do gewesse geschlechlich bedingte Ungerscheede zwesche Mannskääls un Fraulück, die mer nit esu einfach üvversinn kann.

Wann zom[1] Beispill 'ne emanzipeete Minsch singen Ehepartner frög: „Schatzi, kanns de mer nit grad ens hundert Mark gevve? Ich bruche ganz nüdig 'ne neue Hot!" –

Dann säht en Frau: „Hundert Mark? Bes de noch ze rette? Wo soll ich dann hundert Mark hernemme? Et Wochegeld reck vöre nit un hinge nit, un do wells hundert Mark han! Ich muss doch jede Mark zigmol un noch ens zigmol erömdrihe, wann ich mer ald ens bloß en Kleinigkeit erlaube well. – Jaaa, die Müllersch vun hee nevvenaan, die käuf sich jede Woch 'ne neue Hot! Vun de Pelzmäntel un vun de Kleider un vun de Schohn, die die sich leiste kann, well ich jo ald gar nit spreche. – Un wie laufen ich eröm? Beloor mich doch! Ich kann mich drusse en minge aldfränk'sche Pluute üvverhaup nit mih sinn looße! Un do verlangs vun mir hundert Mark?! Dat ich nit laache. Do ärmen Höösch deis jo an Größenwahn ligge. Weiß de, e bessche geflapp es jo niedlich, ävver do bes ald zo niedlich. – Hundert Mark! Hundert Mark för 'ne neue Hot! Un wo blieven ich?"

Wie anders reageet doch do der Mann. Hä beantwoodt su en Frog vun singer Frau einfach un sachlich un säht bloß: „Nä!"

(Philipp Jansen)

[1] *zom*: k. ‚för e'

Kettenreaktion

Wann do beim Weetshuuslampesching
jenöglich sitz beim Jläsje Wing
häß Pech, un brichs däm Jlas der Hals
un schmieß dann flöck e Pütche Salz
leschär der üvver'm Rögge hin,
Wel dat ne Schutz vör Pech sall sin,
un triffs dobei et Aug vum Weet,
dä jrad nem Jaß nen Hahn serveet,
dä weed verschreck, – un vum Tablett
rötsch av dä Hahn su feiß un fett,
un singen Hungk schnapp sich dä Hahn
un würg un würg, – verschleck sich drahn,
dä Knoche hängk im faß em Stroß,
hä weed dä Hahn nit widder loß,
der Weet loht drenn wie'n rösije Koh
un mäht e Zetermordio,
un do erkenns jlich de Jefohr,
weiß och tireck wat Saach do wor,
do knees dich nidder, un nit fuul
jrifs de däm Köter enn de Muul,
tricks im dä Knoche ußem Mungk,
wat dann dä Hungk för Mundraub fungk,
hä pack ding Hand met Mot un Kraff
un bieß der ratsch der Dumen av,
un do beß paff, sähs keine Ton, –
dat nennt mer Kettenreaktion!

Kettenreaktion

Wann do beim Weetshuuslampesching
genöglich sitz beim Gläsche Wing,
häs Pech un brichs däm Glas der Hals
un schmieß dann flöck e Pütche[1] Salz
leger der üvverm Rögge hin,
weil dat 'ne Schutz vör Pech soll sin,
un triffs dobei et Aug vum Weet,
dä grad 'nem Gass 'nen Hahn serveet, –
dä weed verschreck, – un vum Tablett
rötsch av dä Hahn su feis un fett,
un singe Hungk schnapp sich dä Hahn
un würg un würg, – verschleck sich dran,
dä Knoche hängk em fass em Stross,
hä weed dä Hahn nit widder loss,
der Weet loot dren wie'n rösige Koh
un mäht e Zetermordio,
un do erkenns glich de Gefohr[2],
weiß och tirek wat Saach do wor,
do knees dich nidder, un nit fuul
griefs do däm Köter en de Muul,
tricks im dä Knoche usem Mungk,
wat dann dä Hungk för Mundraub fung,
hä pack ding Hand met Mod un Kraff
un bieß der ratsch der Duumen av,
un do bes paff, sähs keine Ton, –
dat nennt mer Kettenreaktion!

(Philipp Jansen)

[1] *Püütche*: v; dt. ‚soviel, wie man mit 3 Fingerspitzen fasst';
von k. ‚Put' = dt. ‚Pfote'; hier: ‚Prise'
[2] *Gefohr*: ‚o' wegen des Reims

Kunsjenoß

Ming Frau un ich besöken off moderne Kunsußstellunge. Öm uns nit als Banause, Konformiste un Normalminsche verdächtig ze maache, jommer met ähnze Jeseechter em Musetempel eröm, blieve vör de einzelne Bilder stonn; ming Frau hält dann beidse Häng jäje de Schlöfe jepreß un ich ömklammere met der linke Hand mi Kenn. Dat mäht immer ne jode Enndrock un ermöglich einem abselute Jedankefreiheit.

Ich denke dobei ahn unse letzte Stammdeschovend un ming Frau ahn dat neue Kleid vun der Breuersch, die uns Nohbersch eß. Mer darf dobei ävver nie der Bleck vun däm ußjestellte Objekt avschwenke looße, söns weed de vörjetäuschte Kunsbejeisterung ze dorchsichtig.

Meer blieve luuter am Ball, wie mer zu schön säht, un maache bloß janz koote Bemerkunge, wie: „Hm, hm!" un „Tja, Tja!" Mer künnt jo och sage: „Dat eß –„, ävver dann muß mer oppasse, dat mer dä unußjesprochene Jedankestrich ennhält. Mer darf nit sage, wat dat eß, weil jo dä Künsler selvs noch nit derhinger jekumme sin künnt, wat dat Dinge darstelle soll! Ming Frau un ich, meer sin rutineeteUßstellungsbesöker. Meer laachen och nie tireck loß, wammer de Kunshall verlooße. De Jeseechsmuskele entspanne meer immer eesch, wammer derheim sin.

Kunsgenoss

Ming Frau un ich besöken off moderne Kunsusstellunge. Öm uns nit als Banause, Konformiste un Normalminsche verdächtig ze maache, gonn mer met äänze Geseechter em Musetempel eröm, blieve vör de einzelne Belder stonn; ming Frau häld dann beidse Häng gäge de Schlöfe gepress un ich ömklammere met der linken Hand mi Kenn. Dat mäht immer 'ne gode Endrock un ermöglich einem avsolute Gedankefreiheit.

Ich denke dobei an unse letzte Stammdeschovend un ming Frau an dat neue Kleid vun der Breuersch, die uns Nohbersch es. Mer darf dobei ävver nie der Bleck vun däm usgestellte Objek avschwenke looße, söns weed de vörgetäuschte Kunsbegeisterung ze dorchsichtig.

Mer blieve luuter am Ball, wie mer su schön säht, un maache bloß ganz koote Bemerkunge, wie: „Hm, hm!" un „Tja, tja!". Mer künnt jo och sage: „Dat es –", ävver dann muss mer oppasse, dat mer dä unusgesproche Gedankestrich enhäld. Mer darf nit sage, wat dat es, weil jo dä Künsler selvs noch nit dohinger gekumme sin künnt, wat dat Dinge darstelle soll! Ming Frau un ich, mer sin routineete Usstellungsbesöker. Mer laachen och nie tirek loss, wann mer de Kunshall verlooße. De Geseechsmuskele entspanne mer immer eesch, wann mer doheim sin.

(Philipp Jansen)

Unjeräächte Barbara

Barbara, wat beß do schlääch.
uußerdem och unjerääch.

Jestere stallt ich bletzeblank
doch ming Schohn he op de Bank;
wie ich hück han nohjesinn,
hatt ich bloß ene Klütten dren.

Barbara, do deis meer leid,
nenns do dat Jeräächtichkeit?

No, ich muß zwor enjeston,
dat ich et nit selvs jedon;
denn – sach selvs, wor dat nit nett? –
he ming jode Schohn die hät
meer mi Schwester blankjeputz
för paar Jrosche un ene Butz.

Weil ich der dä Deens bezahlt,
han ming Schohn ich opjestallt;
kunnt jo hoffe, weil se blank,
dat ich dren jet kräht zom Dank.

Do häs – eß dat dann en Aat? –
nor ene Klütten drenjelaht.
Dank op su en Aat un Wies
fingen ich verhaftich fies!

Jetz eß mer nor eins nit klor:
Woherr woß dat Oos dat nor?

Ungeräächte Barbara

Barbara, wat bes do schlääch,
usserdäm och ungerääch.

Gestere stallt ich bletzeblank
doch ming Schohn hee op de Bank.
Wie ich hügg han nohgesinn,
hatt ich bloß ene Klütten dren.

Barbara, do deis mer leid,
nenns do dat Geräächtigkeit?

No, ich muss zwor engestonn,
dat ich et nit selvs gedon;
dann – sag selvs, wor dat nit nett? –
hee ming gode Schohn die hät
mer mi Schwester blankgeputz
för paar Grosche un ene Butz.

Weil ich der dä Deens bezahlt,
han ming Schohn ich opgestallt;
kunnt jo hoffe, weil se blank,
dat ich dren jet kräht zom Dank.

Do häs – es dat dann en Aat? –
nor ene Klütten drengelaht.
Dank op su en Aat un Wies
fingen ich verhaftig fies!

Jetz es mer nor eins nit klor:
Woher woss dat Oos dat nor?

(Heribert Klar)

Et Schängche un der hellije Mann

Ov hä kütt? – Und wann –
wat hä widder weiß? –
Fröch et Schängche. Heiß
weed et im. Un dann
föhlt hä deef em Mage,
su als ov hä jet
wahl jejessen hät,
un't nit künnt verdrage.
Doch hä kunnt nix esse.
Un hä meint, et jitt
– ov villeech och nit –
su jet, wie Jewesse?!
Doch woröm jrad hück,
wo der hellije Mann
bei uns kumme kann,
wie bei all die Lück?

Wa'mer doch nor wöß:
Kütt hä? Kütt hä nit?
Wore do nit Schrett –
feele do nit Nöß?
Jo, mer mööt ens wesse,
ov et sujet jitt
– ov villeech och nit –
su jet wie Jewesse?!
Un dat kleine Schängche,
däm der Mage dröck,
däm si Hätzje jöck,
met jefalde Hängche
kneent hä en der Stuvv.
Säht däm hellije Mann,
dat hä kumme kann –
ävver ohne Muff!

Et Schängche un der hellige Mann

Ov hä kütt? – Un wann? –
Wat hä widder weiß?
Frög et Schängche. Heiß
weed et im. Un dann
föhlt hä deef em Mage,
su als ov hä jet
wall gegessen hätt,
un 't nit künnt verdrage.
Doch hä kunnt nix esse.
Un hä meint, et gitt
– ov villleich och nit? –
su jet wie Gewesse?!
Doch woröm grad hügg,
wo der hellige Mann
bei uns kumme kann,
wie bei all die Lück?

Wa'mer doch nor wöss:
Kütt hä? Kütt hä nit?
Wore do nit Schredd?
Feele do nit Nöss?
Jo, mer mööt ens wesse,
ov et sujet gitt
– ov villleich och nit? –
su jet wie Gewesse?!
Un dat kleine Schängche,
däm der Mage dröck,
däm si Hätzche jöck,
met gefalde Hängche[1]
kneent hä en der Stuvv.
Säht däm hellige Mann,
dat hä kumme kann –
ävver ohne Muff!

(Heribert Klar)

[1] *Hängche*: wegen des Reims so; k. ‚Hängcher'

Vollmond

nach Joseph von Eichendorff (1788–1857),
„Mondnacht"

Ich fohlt mich wie em Himmel,
Su söffig wor dä Wing.
Ich gläuv, dä hät ene Fimmel,
Wä nit met suffe ging.

Mänch Fläschelche dät locke,
Dä Wing wor müngchesmoß.
Wie ich op heim getrocke,
Do schwankten fies de Stroß.

Ming Siel vör Freud dät juhze,
Ming Auge strohlte lus.
Op eimol kräht ich Knuuze
Un woss: Do bess zo Huus.

Der Här hät alles got gemaht

Dä Bore en 'nem kleinen Oot
Der Här Pastor us'rein ens laht
Beim Prädige dat schöne Woot:
„Der Här hät alles got gemaht."

Dat pucklig Sting, dat och do wor,
Verwundet sich dorob nit schläch,
Et frög noh'm Huh-Amp der Pastor:
„Esu ne Puckel, – eß dat räch?"

Vollmond
nach Joseph von Eichendorff (1788-1857),
„Mondnacht"

Ich fohlt mich wie em Himmel,
Su süffig wor dä Wing.
Ich gläuv, dä hät ene Fimmel,
Wä nit met suffe ging.

Mänch Fläschelche dät locke,
Dä Wing wor müngchesmoß.
Wie ich op heim getrocke,
Do schwankte fies de Stroß.

Ming Siel vör Freud dät juuze,
Ming Auge strohlte luus.
Op eimol kräht ich Knuuze
Un woss: Do bes zo Hus.

(Heribert Klar)

Der Häär hät alles god gemaht
De Boore en 'nem kleine Oot
Der Häär Pastur us'rein ens laht
Beim Prädige dat schöne Wood:
„Der Häär hät alles god gemaht."

Dat puck'lig Sting, dat och do wor,
Verwundert sich dodrop nit schlääch.
Et frög nohm Huhamp der Pastur:
„Esu 'ne Puckel, – es dat rääch?"

Vun rächs un links, vun su un su
Lot hä'n sich an, hät dann gesaht:
„No hör, als Puckel – beß nor fruh –
Eß hä doch wunderschön gemaht!"

Hervswind

O jömmich, wie dat trick!
De Bäum han schläächte Zick
Se kühme windbewäg,
geschöddelt un durchfäg.
Der Wind hät Kraff.
Hä ropp un rieß
de Blädder av.
Bal ston se fies,
vum letzte Blatt verloße,
ganz nackig en de Stroße,
sinn, dat meer se vergoße,
un lore stell op Sick.
O jömmich, wie dat trick!

Wie trick et kalt am Rhing!
Mer kritt vum Wind en Ging.
Dat Wedder mäht nit fruh.
Mer schleit der Krage huh.
Am Himmel dröv
deit ehre Krih
de eeschte Möv.
Bal wäde mih
em kale Wind he schwärme.
Et schuddert en de Därme.

Vun räächs un links, vun su un su
Loot hä 'n sich aan, hät dann gesaht:
„No hür, als Puckel – bes nor fruh –
Es hä doch wunderschön gemaht!"

(Anton Korn)

Hervswind

O jömmich, wie dat trick!
De Bäum han schläächte Zigg,
se küüme windbewäg,
geschöddelt un durchfäg.
Der Wind hät Kraff.
Hä ropp un rieß
de Blädder av.
Baal stonn se fies,
vum letzte Bladd verlooße,
ganz nackig en de Stroße,
sinn[1], dat mer se vergoße[2],
un loore stell op Sigg.
O jömmich, wie dat trick!

Wie trick et kald am Rhing!
Mer kritt vum Wind en Ging[3].
Dat Wedder mäht nit fruh.
Mer schleiht der Krage huh.
am Himmel dröv
deit ehre Krih
de eeschte Möv.
Baal wääde mih
em kaale Wind hee schwärme.
Et schuddert en de Därme[4].

Goht heim un dot üch wärme
am Ovve mit 'nem Gläsche Wing!!
Wie trick et kalt am Rhing!

Der Wind am Dom hät Wot!
Hä pack sich weld 'nen Hot
vun Kind ov Mann ov Frau
dat nimmp hä nit genau.
Grad wor dä Hot
noch neu un staats.
Jetz en der Sot,
om wigge Platz,
muß hä e Renne maache.
Mer läuf im noh met Laache
un mööch vör Wot zerkraache.
Die Sot, die deit dem Hot nit got.
Der Wind am Dom hät Wot!

Määl ov Nachtigall

Em Stadtwald soß et Billa Schlank
Met singem Josep op 'ne Bank.
De Sonn, die log em letzte Schinge
E Vügelche wor höösch am singe.
„No hör ens" säht et Bell, „we schön
Sin doch där Nachtigall ehr Tön."
„Ojo", meint drop der Jupp, „et klingk
Ganz nett, wat do dä Vugel singk.

Goht heim un dot üch wärme
am Ovve met nem Gläsche Wing!
Wie trick et kald am Rhing!

Der Wind am Dom hät Wod.
Hä pack sich weld 'ne Hot
vun Kind ov Mann ov Frau,
Dat nimmp hä nit genau.
Grad wor dä Hot noch neu un staats.
Jetz en der Sod,
om wigge Platz
muss hä e Renne maache.
Mer läuf im noh met Laache
un mööch vör Wod zerkraache.
Die Sod, die deit däm Hot nit god.
Der Wind am Dom hät Wod.

(Johannes Theodor Kuhlemann)

[1] *sinn*: unverständlich; vielleicht k. ‚kann sin dat..., villleich'
[2] *vergoße*: aus Reimgründen so beibehalten
[3] *Ging*: v; k. ‚Fimm, Juv'
[4] *Därme*: ‚e' aus Reimgründen, k. ‚Därm'

Määl ov Nachtigall

Em Stadtwald soß et Billa Schlank
Met singem Josep[1] op ener Bank.
De Sonn, die log em letzte Schinge,
E Vügelche wor höösch am Singe.
„No hör ens", säht et Bell, „wie schön
Sin doch dä Nachtigall ehr Tön."
„Ojo", meint drop der Jupp, „et klingk
Ganz nett, wat do dä Vugel singk.

Doch gläuv et meer – ich gon nit fähl –
Ding Nachtigall, dat eß en Määl."
„ En Määl," säht do et Bell ganz lus,
„Ich gläuv', Do beß nit räch bei Trus.
Dat Deerche eß op jeden Fall
En usgewaße Nachtigall."
„Enä, enä", der Jupp wod gäl.
„Ich sagen Deer, et eß en Määl."
Un no dät, statt zo kareßeere
Dat Pärche sich do explezeere.
Op Dut un Levve ging dä Kall.
Hä säht: „En Määl," it „Nachtigall".
Bis dat zoletz et Bell voll Wot
Si Täschge schnapp un singen Hot
Un för dä Josep säht: „Ich gon,
Do süß, dat meer uns nit verston.
Deer litt an meer jo nix geläge."
Dä Josep hät dat Bell nit kräge.

Un die Moral vun däm Verzäll
Ehr Junge, höht, säht ens Öhr Bell
Die Määl em Stadtwald wör en Koh,
Dann saht nor immer räuhig: „Jo."

Doch gläuv' et mir – ich gonn nit fähl –
Ding Nachtigall, dat es en Määl."
„En Määl", säht do et Bell ganz luus,
„Ich gläuv', do bes nit rääch bei Trus.
Dat Deerche es op jede Fall
En usgewahße Nachtigall."
„Enä, enä", der Jupp woodt gääl.
„Ich sagen dir, et es en Määl."
Un no dät, statt zo karesseere,
Dat Päärche sich do explezeere.
Op Dud un Levve ging dä Kall.
Hä säht: „En Määl", it „Nachtigall".
Bes dat zoletz et Bell voll Wod
Si Täschche schnapp un singen Hot
Un för dä Josep säht: „Ich gonn,
do sühs, dat mir uns nit verstonn.
Dir litt an mir jo nix geläge."
Dä Josep hät dat Bell nit kräge.

Un die Moral vun däm Verzäll,
Ehr Junge, hööt! Säht ens Üür Bell,
Die Määl em Stadtwald wör en Koh,
Dann saht nor immer räuhig: „Jo".

(Johannes Theodor Kuhlemann)

[1] *Josep*: v; k. ‚Jupp'

Der Noßbaum-Schmitz

Em Dörpche – wo, dat mäht nix uus
do wonnte bal en jedem Huus
ne boore Mann, dä schrevv sich Schmitz.
Wo mer su eng zosammesitz,
me'm selve Name Döör an Döör,
köm sicher leich Verwähßelung vör,
wa'mer sich nit dran kenne dät,
dat mallich en dem Dinge dräht
Beiname, däftig, allbekannt.
Et Namegevve hät om Land
vun alders her ne deefe Senn
un klingk off löstig bovvedren.

Et Dörp woß, wie mer Mann för Mann
de Schmitze ungescheide kann,
der Schmitze Schäng vum Schmitze Fritz,
dat wor vör Johre su wie jitz.
Wat gov et all för Zoote Schmitz!
Der lange Schmitz, der koote Schmitz,
der Piefe-Schmitz, der Knolle-Schmitz,
der stieve Schmitz, der dolle Schmitz,
der Prumme-Schmitz, der Brelle-Schmitz,
der Koh-Schmitz, der Kapelle-Schmitz,
der Schmitze Gäl, de Schmitze Pürk,
der Schmitze Schäl, der Schmitze Türk,
de Schmitze Nas, der Schmitze Spitz –
dä hatt sich ens ne Hungk gestritz –,
der griese Schmitz, der Möhne-Schmitz,
der fiese Schmitz, der schöne Schmitz –
halt op! Jetz weiß ich keine mih.
De ganze Schmitze-Kumpanie
drog stell die Name met Humor.

Der Nossbaum-Schmitz

Em Dörpche – wo, dat mäht nix us,
do wonnte baal en jedem Huus
'ne boore Mann, dä schrevv sich Schmitz.
Wo mer su eng zosammesitz,
mem selve Name Dör an Dör,
köm secher leich Verwähßelung vör,
wa'mer sich nit dran kenne dät,
dat mallich[1] en däm Dinge dräht
Beiname, deftig, allbekannt.
Et Namegevve hät om Land
vun alders her 'ne deefe Senn
un klingk off löstig bovvendren.

Et Dörp woss, wie mer Mann för Mann
de Schmitze ungerscheide kann:
der Schmitze Schäng vum Schmitze Fritz,
dat wor vör Johre su wie jetz.
Wat gov et all för Zoote Schmitz!
Der lange Schmitz, der koote Schmitz,
der Piefe-Schmitz, der Knolle-Schmitz,
der stieve Schmitz, der dolle Schmitz,
der Prumme-Schmitz, der Brelle-Schmitz,
der Koh-Schmitz, der Kapelle-Schmitz,
der Schmitze Gääl, de Schmitze Pürk,
der Schmitze Schääl, der Schmitze Türk,
de Schmitze Nas, der Schmitze Spetz –
dä hatt sich ens 'ne Hungk gestritz –,
der griese Schmitz, der Möhne-Schmitz,
der fiese Schmitz, der schöne Schmitz –
hald op! Jetz weiß ich keine mih.
De ganze Schmitze-Kompanie
drog stell die Name met Humor.

Et wor em Dörpche einer nor,
dä su jet nit verdrage kunnt.
Vör singen Huus ne Noßbaum stund.
Der schönste Baum wicköm em Land.
Dröm wood hä Noßbaum-Schmitz genannt.

Ne Name noh däm staatse Baum
soll schlääch sin? Dat versteiht mer kaum
Got, wa'mer keine schläächtere kritt!
Doch unsem Schmitz gefeel hä nit.
Su off hä singe Name hoot,
hät hä der Baum falsch angelort.
Wann Kinder hinger Heck un Britz
us Wellmot reefe „Noßbaum-Schmitz",
leef hä me'm Knöppel inne noh,
schlog mänchem och der Puckel blo.

Wer Lück om Land kennt, weiß geweß,
wie schwer he jet zo maachen eß.
Ov mer do knottert, kött ov schängk,
ganz ömesöns, mer brängk un brängk
dä Name su nit us der Mod.
Em Gägendeil, dat deit nit got.
Wat einer weld mäht, weed im grad
us Frack noch immer mih gesaht
vum Größche wie vum kleine Ditz.
Su ging et och dem Noßbaum-Schmitz.
Dä kräg de Nas op eimol voll,
reef singem Knääch, vör Wot halv doll:
„Dä Name weed jetz avgeschaff!
Flöck, Pitter, hau dä Noßbaum av!"
Gesaht, gedon. Der Baum wor fott.
De Lück han all der Kopp geschott:

Et wor em Dörpche einer nor,
dä su jet nit verdrage kunnt.
Vör singem Huus 'ne Nossbaum stundt.
Der schönste Baum wiggöm² em Land.
Dröm woodt hä Nussbaum-Schmitz genannt.

'Ne Name noh däm staatse Baum
soll schlääch sin? Dat versteiht mer kaum.
God, wa'mer keine schläächtere kritt!
Doch unsem Schmitz gefeel hä nit.
Su off hä singe Name hoot,
hät hä dä Baum falsch aangeloot.
Wann Kinder hinger Heck un Britz
us Wellmod reefe „Nossbaum-Schmitz",
leef hä mem Knöppel inne noh,
schlog mänchem och der Puckel blo.

Wä Lück om Land kennt, weiß gewess,
wie schwer hee jet zo maachen es.
Ov mer do knottert, kött ov schängk,
ganz ömesöns, mer brängk un brängk
dä Name su nit us der Mod.
Em Gägendeil, dat deit nit god.
Wat einer weld mäht, weed im grad
us Frack noch immer mih gesaht
vum Größche³ wie vum kleine Ditz.
Su ging et och däm Nossbaum-Schmitz.
Dä kräg de Nas op eimol voll,
reef singem Knääch, vör Wod halv doll:
„Dä Name weed jetz avgeschaff!
Flöck, Pitter, hau dä Nossbaum av!"
Gesaht, gedon. Der Baum wor fott.
De Lück han all der Kopp geschodt⁴:

„Schad för dä schöne Noßbaum! Wad,
do Klotzkopp wells et han. No grad!"
Un unse Schmitz? Wie heesch jä jitz?
Der a v g e h a u e n e Noßbaum-Schmitz.

Der Schneimann sprich:
Der Jung kick morgens us der Döör,
ne stramme Schneimann steiht dervör.

Der Jung verschrick un deit ne Schrei.
En Kölle fällt su winnig Schnei.

Un wat an Schnei fällt morgens fröh,
eß ovends naße, schwatze Bröh.

Der Jung bedenk sich her un hin,
ne Schneimann hät hä nie gesinn.

Wat well hä nor, dä wieße Kääl
met Kolleauge schwatz un schäl?

Ne Schrübber hät hä frech em Ärm.
Et weed däm Jung e beßche wärm.

Esu sohch der Hans-Muff jo uus,
dä met dem Niklos kom en't Huus.

„Schad för dä schöne Nossbaum! Waad,
do Klotzkopp wells et han. No grad!"
Un unse Schmitz? Wie heiß hä jetz?
Der a v g e h a u e Nossbaum-Schmitz.

                    (Johannes Theodor Kuhlemann)

[1] *mallich*: v; dt. ‚jeder einzelne'
[2] *wiggöm*: v; k. ‚wigg ov breid, ringsöm'
[3] *Größche*: v; Koseform für dt. ‚Großmutter'
[4] *geschodt*: v; k. ‚schödde' = ‚schöddele'; hier: ‚geschöddelt'

Der Schneimann sprich

Der Jung kick morgens us der Dör,
'ne stramme Schneimann steiht dovör.

Der Jung verschrick un deit 'ne Schrei.
En Kölle fällt su winnig Schnei.

Un wat an Schnei fällt morgens fröh,
es ovends naaße, schwatze Bröh.

Der Jung bedenk sich her un hin,
'ne Schneimann hät hä nie gesinn.

Wat well hä nor, dä wieße Kääl
met Kolleauge schwatz un schääl?

'Ne Schrubber hät hä frech em Ärm.
Et weed däm Jung e bessche wärm.

Esu soh der Hans-Muff jo us,
dä met däm Nikela kom en 't Huus.

Dä eß et nit! Genöglich fuul
bliev hä do ston un hält de Mul.

Wie wör dat! Ov mer met däm Mann
sich adig ungerhalde kann?

Hä pack in an, dä kleine Held,
un säht: „Mann, komm doch us der Kält!

Do freers dich stief am ganzen Liev.
Komm, wärm dich an der Ovvenspief!"

Der Schneimann denk sich: Leeve Jung,
ich halde su nit lang Fazung.

En Kölle muß ich bal vergon.
Wat soll ich noch am Ove ston?

Ich levve nor en koote Zick.
Komm, Kälche, stell dich an ming Sick!

Dann knips der Ühm vun uns e Beld.
Ehr seht mich drop, su off ehr wellt.

Su blieven ich üch got em Senn,
wann ich ald lang geschmolzen ben.

Dä es et nit! Genöglich fuul
bliev hä do stonn un häld de Muul.

Wie wör dat? Ov mer met däm Mann
sich aadig ungerhalde kann?

Hä pack in aan, dä kleine Held,
un säht: „Mann, kumm doch us der Käld!

Do freers dich stiev am ganze Liev.
Kumm, wärm dich an der Ovvenspief!"

Der Schneimann denk sich: Leeve Jung,
ich halde su nit lang Fazung.

En Kölle muss ich baal vergonn.
Wat soll ich noch am Ovve stonn?

Ich levve nor en koote Zigg.
Kumm, Käälche, stell dich an ming Sigg!

Dann knips der Ühm vun uns e Beld.
Ehr seht mich drop, su off ehr wellt.

Su blieven ich üch god em Senn,
wann ich ald lang geschmolze ben.

(Johannes Theodor Kuhlemann)

Memoare vun'r Kuvendsmöhn

Flöck vergonn de Kinderjöhrcher,
Kölsche Mädcher, merkt üch dat!
Bal sin gries de schwatze Hörcher,
Dröm halt faß nor, wat ehr hatt!
Hätt ich ziggig dat begreffe,
Söß ich jitz beim brave Mann,
Plaz om Pröttel hee zo klevve
Nevve minger Kaffekann.

Schön wor ich wie'n Engelsköppche,
Wie en Bildche mi Geseech,
Hatt en Tallje wie e Pöppche
Un e Müngche wie en Keesch.
Am Klaveer un en Kunsäte
Sung ich wie en Nachtigall;
Dat ich wör et schön, dat sähte
Alle Häre ob dem Ball.

Grad wie us der Looch gefalle
Kome Frei're, schön un rich;
Ävver keiner vun dä alle
Fung ich got genog för mich.
Dä zo fett un dä zo mager,
Dä zo jung und dä zo alt,
Dä zo stark und dä zo hager,
Dä zo wärm un dä zo kalt.

Su verstrech mi Rusemöndche,
Ohne mich versorg zo han,
Jetz kresch ich mänch better Trönche,
Dat ich hatt noch keine Mann.

Memoire vun ener Kuventsmöhn

Flöck vergonn de Kinderjöhrcher,
Kölsche Mädcher, merkt üch dat!
Baal sin gries de schwatze Höörcher,
Dröm haldt fass nor, wat ehr hat!
Hätt' ich ziggig dat begreffe,
Söß ich jetz beim brave Mann,
Plaatz¹ am Pröttel hee zo klevve
Nevve minger Kaffeekann.

Schön wor ich wie en Engelsköppche,
Wie e Beldche mi Geseech,
Hatt en Taille wie e Pöppche
Un e Müngche wie en Keesch.
Am Klavier un en Konzääte
Sung ich wie en Nachtigall.
Dat ich wör et Schöns, dat sähte
All die Hääre op dem Ball.

Grad wie us der Luff gefalle
Kome Freier, schön un rich;
Ävver keiner vun dä alle
Fung ich god genog för mich.
Dä zo fett un dä zo mager,
Dä zo jung un dä zo ald,
Dä zo stark un dä zo hager,
Dä zo wärm un dä zo kald.

Su verstrech mi Rusemöndche,
Ohne mich versorg zo han.
Jetz kresch ich mänch better Trönche,
Dat ich hatt noch keine Mann.

Och, meer wor dat Hätz beklomme,
Durch de Fing're sohch ich gän;
Hätt der Schlächsten ald genomme,
Ävver, och! och dä blevv fän.

Öm zo locke Karessante,
Schminkten ich de Backe rud, –
Stuppte Watt ob alle Kante,
Dann dat dät meer wirklich nut;
Jede Här dät ich anlaache,
Nannt in glich mien einzig Glöck.
Ävver all die Hären daache:
Och, die Quisel eß verröck!

Sook ich Truß zo minge Klage,
Dann säht jederein för mich:
Die de Nas zo huh dun drage,
Han noch selden eine krig.
Der en Freud eß, Körvger gevve,
Keinem Jung jet adig eß,
Eß noch immer setzen blevve:
Marsch dann en de Girjunskeß!

Och, mer wor et Hätz beklomme.
Durch de Fingere soch ich gään.
Hätt' der Schläächste ald genomme,
Ävver, och! Och dä blevv fään.

För ze locke Karessante,
Schminkten ich de Backe rud,
Stuppte Watt op alle Kante,
Dann dat dät mer wirklich Nud.
Jede Häär dät ich aanlaache,
Nannt in glich mi einzig Glöck.
Ävver all die Hääre daachte:
Och, die Quisel es verröck!

Sok ich Trus zo minge Klage,
Dann säht jederein för mich:
Die de Nas zo huh dun drage,
Han noch selden eine krig[2].
Dä en Freud es, Körvcher gevve,
Keinem Jung jet aadig es,
Es noch immer setze blevve:
Marsch dann en de Gereonskess[3]!

(Peter Leven)

[1] *Plaatz*: v; dt. ‚statt'
[2] *krig*: v; k. ‚(ge)kräg / (ge)kräge'
[3] Gereonskess: ehemaliges Konvent für altersschwache Frauen in der Pfarre St. Gereon

Nöttelefönes

Eß dat ne ahle Knotterpott!
Nix ka'mer rääch im maache,
hät iewig Soore-Gurke-Zick
un nit geleh't zo laache.

Un schingk et Sönnche noch su schön,
dun Vügel jubileere,
hä hängk de Nas bes op de Äd,
deit met der Troorfahn feere.

Saht, eß dat nit ne ärme Kääl?
Et Schöns geit im verlore.
Mer sall bal gläuve, dat hä ald
als Ääzebär gebore.

Der eezte Strick

Et Grietche hatt en letzter Zick
En singer Eh der eezte Strick,
Un jeder weiß, wat dat bedück,
Besundersch bei „jung Ehelück".
Un kurascheet, wie 't Grietche eß,
Weed vollgepack en große Keß;
Dann schriev et noch met fester Hand
Räch deck un fett bes an der Rand
Ob eine Zeddel „schwarz auf weiß":
„Ich bin auf unbestimmte Zeit verreis."

Drob geiht et Grietche noh der Bahn.
Doch ungerwägs ald fängk et an:

Nöttelefönes

Es dat 'ne aale Knotterpott!
Nix ka'mer rääch im maache,
Hät iwig Soore-Gurke-Zigg
Un nit geliert zo laache.

Un schingk et Sönnche noch su schön,
Dun Vügel jubileere,
Hä hängk de Nas bes op de Ääd,
Deit met der Troorfahn feere.

Saht, es dat nit 'ne ärme Kääl?
Et Schöns geiht im verlore.
Mer soll baal gläuve, dat hä ald
Als Ääzebär gebore.

(Cilli Martin)

Der Eetste Strigg

Et Grietche hät en letzter Zigg
En singer Ih der eetste Strigg,
Un jeder weiß, wat dat bedügg,
Besonders bei ,jung Ehelück'.
Un courageet, wie 't Grietche es,
Weed vollgepack en große Kess.
Dann schriev et noch met faster Hand
Rääch deck un fett bes an der Rand
Op ene Zeddel ,schwarz auf weiß':
„Ich bin auf unbestimmte Zeit verreis."

Drop geiht et Grietche noh der Bahn.
Doch ungerwägs ald fängk et aan:

Et Hätz klopp im, en singer Nut
Weed im der Kopp wie För su rut.
Ne Schwindel kütt, et weed im schläch,
Et denk bei sich: Eß dat och räch,
Dat laufe geihs do dingem Mann?
Et Schlemmste, wat en Frau dun kann,
Besundersch en der eezte Zick
Bei ganze junge Ehelück.
Et weed im kalt, et weed im heiß –
Un dobei weed im leid die Reis.

Statt desse geiht am Rhing vörbei
Spazeere it bes halver Drei,
En singer rächte Hand die Keß,
Dren Kleider, Wäsch un söns jet eß.
Et fohlt sich älend, schwaach un krank.
Wie it am Rhing soß ob 'ner Bank,
Leet et Geweese im kein Rauh.
Un it vergiß dä Hau un Schnau
Un läuf, su flöck it laufe kann,
Noh Hus zoröck – bei singe Mann.
Doch wat eß dat? Et litt om Desch
Dä wieße Zeddel noch ganz fresch,
Drob it geschrevve „schwarz auf weiß":
„Ich bin auf unbestimmte Zeit verreis."
Bloß drunger stund ganz einfach noch:
„Ich och!"

Et Hätz klopp im, en singer Nud
Weed im der Kopp wie Füür su rud.
'Ne Schwindel kütt, et weed im schlääch,
Et denk bei sich: Es dat och rääch,
Dat laufe geihs do dingem Mann?
Et Schlemmste, wat en Frau dun kann,
Besonders en der eetste Zigg
Bei ganze junge Ehelück.
Et weed im kald, et weed im heiß –
Un dobei weed im leid die Reis.

Statt desse geiht am Rhing vörbei
Spazeere et bes halver Drei,
En singer räächte Hand die Kess,
Dren Kleider, Wäsch un söns jet es.
Et fohlt sich älend, schwach un krank,
Wie et am Rhing soß op 'ner Bank,
Leet et Gewesse im kein Rauh.
Un et vergiss dä Hau un Schnau
Un läuf, su flöck et laufe kann,
Noh Hus zoröck – bei singe Mann.
Doch wat es dat? Et litt om Desch
Dä wieße Zeddel noch ganz fresch,
Drop et geschrevve ‚schwarz auf weiß':
„Ich bin auf unbestimmte Zeit verreis."
Bloß drunger stundt ganz einfach noch:
„Ich och!"

(Fritz Marx)

Gebootsdagsrümcher

Ganz puddelnack un ohne Geld,
Su koms du domols op die Welt,
Om Standesamp wood dat noteet,
Du woods als Bürger registreet.

Stolz dät ding Mamm dich presenteere,
Die Vatter met dir renomeere,
Dann woods du noh dr Kirch geschleif
Un op dä Name „Hein" gedäuf.

Derwiel beß du jet älder woode,
Dä Johrgang well ich nit verrode,
Doch met dr Zick küß du dohinger,
He op dr Ähd weed keiner jünger.

Denn dat Rezeep für jung zo blieve,
Kann keine Dockter dir verschrieve,
Bliev klor em Kopp, em Hätz bliev jung,
Dann hälts du üüßerlich Fazung.

Un deit dir och ald ens jet wih,
Du möchs noch gän un kanns nit mih,
Un mag et falle söß ov soor,
Behald em Levve stets Humor.

Gebootsdagsrüümcher

Ganz puddelnack un ohne Geld,
su koms do domols op de Welt.
Om Standesamp woodt dat noteet,
do woodts als Bürger registreet.

Stolz dät ding Mamm dich präsenteere,
di Vatter met dir renomeere.
Dann woodts do noh der Kirch geschleif,
op dä Name Hein gedäuf.

Derwiel bes do jet älder woode,
dä Johrgang well ich nit verrode,
doch met der Zigg küss do dohinger,
hee op der Ääd weed keiner jünger.

Denn dat Rezepp för jung zo blieve,
kann keine Dokter dir verschrieve.
Bliev klor em Kopp, em Hätz bliev jung,
dann hälds do üsserlich Fazung.

Un deit dir och ald ens jet wih,
do mööchs noch gään un kanns nit mih,
un mag et falle söß ov soor,
behald em Levve stets Humor.

(Heinz Paffrath)

Et Glöck

Et Glöck eß doch en eigen Ding,
Brängk Stäneglanz un Sonnesching
Un Freud un Loss un Silligkeit,
Doch wer et hät, 't nie merken deit.

Da läv su en der Dag eren,
Kein Sorge dröven im der Senn,
Doch wann sich jieh et Blättche drieht,
Hä glich et Engk vum Leedsche süht.

Sing Levvensloss eß dann futtü,
Hä hät nit Mot un Hoffnung mieh,
Us luter engebildter Nut
Wünsch hä sich rackeweg der Dut.

Su eß dat Glöck, wat bal vergeiht,
Wat jielich öm wie Wedder schleit,
Wat för der Jeck de Minsche hält
Un bei 'nem Knupp en Ohnmaach fällt.

Et gitt e Glöck, wat stärker eß,
Wat treu bliev, wann do stark nor beß, –
Maach andre glöcklich, do merks flöck:
Dat Glöcklichmaache eß – et Glöck!

Et Glöck

Et Glöck es doch e eige Ding,
Brängk Stääneglanz un Sonnesching
Un Freud un Loss un Silligkeit.
Doch wä et hät, 't nie merken deit.

Dä läv su en der Dag eren,
Kein Sorge dröve im der Senn.
Doch wann sich jih et Bläddche driht,
Hä glich et Engk vum Leedche süht.

Sing Levvensloss es dann futü,
Hä hät nit Mod un Hoffnung mih.
Us luuter engebildter Nud
Wünsch hä sich rackeweg[1] der Dud.

Su es dat Glöck, wat baal vergeiht,
Wat jihlich öm wie Wedder schleiht,
Wat för der Jeck de Minsche häld
Un bei 'nem Knupp en Ohnmaach fällt.

Et gitt e Glöck, wat stärker es,
Wat treu bliev, wann do stark nor bes:
Maach andre glöcklich, do merks flöck:
Dat Glöcklichmaache es – et Glöck !

(Paul Pohl)

[1] *rackweg*: v; auch *rackeweg*; dt. ‚plötzlich, vollständig, wirklich'

Jet vum Jüppche

Et Jüppche us der Spillmannsgaß
Dat wor e kölsch Rabäuche,
Am Kamesöle hatt et Spaß,
Loß wor im Mul un Kläuche.
Wer ald jet scheif et ansohch nor,
Däm flog et en de Hoore;
Et wor en rächte Kampfnator
Trotz singe Köttelsjohre.
Un wie et drei Dag Schulle ging,
Hatt et ald satt dat Liere,
Dat stelle Setze maht im Ping,
Dä Zwang dät et scheniere.
Et rötschten hin un her un dät
Sing Nevvemänncher knuppe,
Bis einer et däm Lährer säht:
„Et Jüppche tut mich stuppe!" –
Dä Lährer hatt wahl zwanzigmol
Zor Ordnung in gerofe
Un sing Gedoldsmoß wor no voll:
Hee moot hä endlich strofe.
Dröm us der Bank dä Jüpp hä trick
Un deit im e paar trecke, –
Däm ävver kütt dat vör wie Strick
Un wie en Ihrbeflecke.
Un schnaftig, paaf, noh'm Lährer schlät
Hä met däm kleine Füüßge,
Dä ganz verdutz do steiht un säht:
„Jung, beß de us dem Hüsge?
Wie kanns do mich nor widder schlonn,
Nem Lährer e paar lange?"
Der Jupp: „Han ich deer jet jedonn?
Do häß doch angefange!" –

Jet vum Jüppche

Et Jüppche us der Spillmannsgass
Dat wor e kölsch Rabäuche,
Am Kamesöle hatt et Spass,
Loss wor im Muul un Kläuche.
Wä ald jet scheiv et aansoch nor,
Däm flog et en de Hoore;
Et wor en räächte Kamfnator
Trotz singe Köttelsjohre.
Un wie et drei Dag schulle ging,
Hatt et ald satt dat Liere,
Dat stelle Setze maht im Ping,
Dä Zwang dät et geniere.
Et rötschte hin un her un dät
Sing Nevvemänner knuppe,
Bes einer et däm Lehrer säht:
„Et Jüppche tut mich stuppe!"
Dä Lehrer hatt wall zwanzigmol
Zor Oodnung in gerofe,
Un sing Gedoldsmoß wor no voll:
Hee moot hä endlich strofe.
Dröm us der Bank dä Jüpp hä trick
Un deit im e paar trecke.
Däm ävver kütt dat vör wie Strigg
Un wie en Ihr beflecke.
Un schnaftig, paaf, nohm Lehrer schleiht
Hä met däm kleine Füüsche.
Dä ganz verdutz do steiht un säht:
„Jung, bes do us dem Hüüsche?
Wie kanns do mich nor widder schlonn,
'Nem Lehrer e paar lange?"
Dä Jüpp: „Han ich dir jet gedon?
Do häs doch aangefange!"

(Paul Pohl)

Amerau, gode Naach!

Amerau, gode Naach!
Morge fröh wehd et Dag,
Un mer weiß nit, wat am Engk
Uns dä Dag wahl noch brängk.
Loß mer schlofen dröm gonn,
Morge fröh fresch opstonn.

Amerau, gode Naach!
Bloß de Stähn' halde Waach,
Un se lööchten esu nett
Uns zom Schlof en et Bett,
Un et Möndche dat schingk
Un et laach un et gringk.

Amerau, gode Naach!
Un de Sonn brängk der Dag
Un de Kraff uns zoröck
Un de Arbeid un Glöck.
Loß mer schlofen dröm gonn.
Morge fröh fresch opstonn.

Amerau[1], god Naach!

Amerau, gode[2] Naach!
Morge fröh weed et Dag,
Un mer weiß nit, wat am Engk
Uns dä Dag wall noch brängk.
Loss mer schlofen dröm gonn,
Morge fröh fresch opstonn.

Amerau, gode Naach!
Bloß de Stään' halde Waach;
Un se lööchten[3] esu nett
Uns zom Schlof en et Bedd,
Un et Möndche dat schingk
Un et laach un et gringk.

Amerau, gode Naach!
Un de Sonn brängk der Dag
Un de Kraff uns zoröck
Un de Arbeid un Glöck.
Loss mer schlofen dröm gonn,
Morge fröh fresch opstonn.

(Wilhelm Räderscheidt)

[1] *Amerau*: verkürzt aus: k. ‚angenähme Rauh'
[2] *gode*: so beibehalten wegen der Melodie
[3] *lööcht*e: v; k. ‚leuchte'

De Geiß wollt'ne lange Stätz han

Et log 'ner Geiß ens schwer om Hätz,
Dat sei bloß hatt dat Stümpche Stätz;
Dä Stätz, dä wollt nit wahße,
Dä Stätz, dä wollt nit wi-wa-wahße,
Dä Stätz, dä Stätz, dä Stätz, dä Stätz,
Dä klitzekleine Stümpchesstätz.
Met dem Stümpche dät se wibbele,
Dät se wibbele, seufz un säht:
Die paar Hörcher, die paar Zibbele
Sin der Möh nit wäht.

Im fählt geweß de Feuchtigkeit,
Dat hä nit länger wähden deit;
Sönß möht dä Stätz doch wahße,
Sönß möht dä Stätz doch wi-wa-wahße,
Dä Stätz, dä Stätz, dä Stätz, dä Stätz,
Dä klitzekleine Stümpchesstätz.
Noh dem Mülldeich dät se stitzele,
Stipp dat Stümmelchen do erenn,
Dät de Kält se och jet kitzele,
Standhaff heelt se'n dren.

Su soß se do de ganze Naach,
Zo gevven op dat Wäßchen aach.
Hä schung ehr ald jet länger,
Hä schung ehr ald jet li-la-länger,
Dä Stätz, dä Stätz, dä Stätz, dä Stätz,
Dä klitzekleine Stümpchesstätz.
Dann un wann dät sei noch schlängere
Met dem Zibbelche, bis se schleef
Un vun ehrem Stätz, däm längere,
Dräumte söß un deef.

De Geiß wollt 'ne lange Stätz han

Et log 'ner Geiß ens schwer om Hätz,
Dat sei bloß hatt dat Stümpche Stätz.
Dä Stätz, dä wollt nit wahße,
Dä Stätz, dä wollt nit wi-wa-wahße,
Dä Stätz, dä Stätz, dä Stätz, dä Stätz,
Dä klitzekleine Stümpchesstätz.
Met däm Stümpche dät se wibbele,
Dät se wibbele, seufz un säht:
Die paar Höörcher, die paar Zibbele
Sin der Möh nit wäät.

Im fählt gewess de Feuchtigkeit,
Dat hä nit länger wääden deit.
Söns mööt dä Stätz doch wahße,
Söns mööt dä Stätz doch wi-wa-wahße,
Dä Stätz, dä Stätz, dä Stätz, dä Stätz,
Dä klitzekleine Stümpchesstätz.
Noh dem Mülldeich dät se stitzele,
Stipp dat Stümmelche do eren,
Dät de Käld se och jet kitzele,
Standhaff heeldt se 'n dren.

Su soß se do de ganze Naach,
Zo gevven op dat Wahßen aach.
Hä schung ehr ald jet länger,
Hä schung ehr ald jet li-la-länger,
Dä Stätz, dä Stätz, dä Stätz, dä Stätz,
Dä klitzekleine Stümpchesstätz.
Dann un wann dät sei noch schlängere[1]
Met däm Zibbelche, bes se schleef
Un vun ehrem Stätz, däm längere,
Dräumte söß un deef.

Doch als der helle Morge kom,
De Geiß met Schrecke wohr jitz nohm:
Dä Stätz wor faßgefrore,
Dä Stätz wor faßgefri-fra-frore.
Dä Stätz, dä Stätz, dä Stätz, dä Stätz,
Dä klitzekleine Stümpchesstätz.
Wödig fing se an zo hibbele,
Reß dat Stümmelchen och erus;
Doch die Hörcher, die paar Zibbele,
Gingken dobei us.

De Geiß denk jitz noch öftersch dran,
Wellt keine lange Stätz mih han.
Do Minsch, deit deer jet fähle,
Do Minsch, deit deer jet fi-fa-fähle
An Geld un God, an Kraff un Mod,
Ov sönß en große Kleinigkeit.
Dann, o Fründ, gevv dich zofridden doch,
Bruch dat Winnige met Akih;
Denn et gidd're vill hienidde noch.
Die han och nit mih!

Doch wie der helle Morge kom,
Die Geiß met Schrecke wohr jetz nohm:
Dä Stätz wor fassgefrore,
Dä Stätz wor fassgefri-fra-frore,
Dä Stätz, dä Stätz, dä Stätz, dä Stätz,
Dä klitzekleine Stümpchesstätz.
Wödig fing se aan zo hibbele,
Ress dat Stümmelche och erus;
Doch die Höörcher, die paar Zibbele,
Gingken dobei us.

Die Geiß denk jetz noch öfters draan,
Wollt keine lange Stätz mih han.
Do Minsch, deit der jet fähle,
Do Minsch, deit der jet fi-fa-fähle,
An Geld un God, an Kraff un Mod,
Ov söns en große Kleinigkeit,
Dann, o Fründ, gevv dich zofridden doch,
Bruch dat Winnige met Aki;
Denn et gitt erer vill heenidde[2] noch,
Die han och nit mih!

(Wilhelm Räderscheidt)

[1] *schlängere*: v; k. ‚schlenkere'
[2] *hienidde*: v; k. ‚hee unge'

Troor

Wat göv ich dröm,
Künnt ich noch eimol halde
Ding leeve Häng, die mich su off beglöck!
Wie gän och dät ich ming dann beddend falde!
Wat göv ich dröm,
Köms do noch ens zoröck ...

Beß do mer noh?
Ich han deer vil ze sage.
Ich söke dich – en Troor vergeit de Zick.
Su leer et Levve, un su schwer ze drage ...
Wat göv ich dröm,
Lög ich an dinger Sick.

Offmols em Draum
Sin ich dich fän dohinge.
„Su beß doch stell", hör ich ding leeve Stemm.
Vergevv, vergevv, wann ich kein Rau kann finge,
Bis dat ich kumme
Un dann bei deer ben.

Troor

Wat göv ich dröm,
Künnt ich noch eimol halde
Ding leeve Häng, die mich su off beglöck!
Wie gään och dät ich ming dann beddend[1] falde.
Wat göv ich dröm,
Köms do noch ens zoröck.

Bes do mer noh?
Ich han der vill ze sage.
Ich söke dich – en Troor vergeiht de Zigg.
Su leer et Levve, un su schwer ze drage.
Wat göv ich dröm,
Lög ich an dinger Sigg.

Öfters, em Draum,
Sinn ich dich fään dohinge.
„Su bes doch stell", hör' ich ding leeve Stemm.
Vergevv, vergevv, wann ich kein Rauh kann finge,
Bes dat ich kumme
Un dann bei der ben.

(Ann Richarz)

---

[1] *beddend*: muss so stehen bleiben, da syntaktisch kaum zu verändern (im Kölschen gibt es jedoch kein Partizip des Präsens).

Karussellchesleed

Ehr Hären un Mamsellcher,
Kutt her vun fäns un noh,
Der Mann mem Karussellche,
Pitt-Jüppchen, dä eß do!
Pitt-Jüppchen drieht am Räddche,
Sing Frau die schleit de Trumm,
De Urgel hält Janettche
Un Settche die Lavumm,
De Urgel hält Janettche
Un Settche die Lavumm.
Jedes Pädche kritt 'ne Jung,
Füßche, Schimmel, Bläß ov Brung.
Tschimmla, tschimmla, hopsassa,
Tschimmla, tschim, Partie!

Wann Kirmes oder Maat eß,
Dann kütt der Pädchesmann
Met singer gröne Wagekeß
En jedem Dörpchen an.
Druß lore wie de Pürke
De Köpp un och de Stätz.
Vun all dä hölze Stirke,
We laach uns do et Hätz,
Vun all dä hölze Stirke,
We laach uns do et Hätz.
Kinder, Va un Uehm un Möhn rofe,
Juhzen: och wie schön!
Tschimmla, tschimmla, hopsassa,
Tschimmla, tschim, Partie.

Karesselchesleed

Ehr Häären un Mamsellcher,
Kutt her vun fään un noh,
Der Mann mem Karessellche,
Pitt-Jüppchen, dä es do!
Pitt-Jüppchen driht am Räddche,
Sing Frau, die schleiht de Trumm,
De Orgel häld Janettche
Un Settche[1] de Lavumm[2].
De Orgel häld Janettche
Un Settche de Lavumm.
Jedes Päädche kritt 'ne Jung,
Füssche, Schimmel, Bläss ov Brung.
Tschimmla, tschimmla, hopsassa,
Tschimmla, tschim, Partie[3]!

Wann Kirmes oder Maat es,
Dann kütt der Päädchesmann
Met singer gröne Wagekess
En jedem Dörpchen aan.
Drus loore wie de Pürke
De Köpp un och de Stätz.
Vun all dä hölzer Stirke[4],
Wie laach uns do et Hätz.
Vun all dä hölzer Stirke,
Wie laach uns do et Hätz,
Kinder, Va un Ühm un Möhn rofe,
Juuzen: och wie schön!
Tschimmla, tschimmla, hopsassa,
Tschimmla, tschim, Partie!

Wer nor en Geiß em Ställche
Un noch su ärm eß dran,
Muß Kirmesweck un Geldche
Doch för de Pädcher han.
Dann süht hä dat Vergnöge,
Wat et dä Kinder mäht,
Su durch de Looch zo fleege
Op ehrem hölze Pääd,
Su durch de Looch zo fleege
Op ehrem hölze Pääd,
Trick dä Al der letzte Fuß
Us dem Wammes noch erus.
Tschimmla, tschimmla, hopsassa,
Tschimmla, tschim, Partie!

Do sitz als wie 'ne Ritter,
Un hinger sich de Mäd,
Der Meisterknääch, der Pitter,
Gar stolz op singem Päd.
Se hält in faß ömschlunge,
Hä stich met singer Lanz,
Vör all dä andre Junge
Grad meddsen durch der Kranz,
Vör all dä andre Junge
Grad meddsen durch der Kranz.
Un dat Kohstalls Annemarie
Juhz un hält der Pries en de Hüh.
Tschimmla, tschimmla, hopsassa,
Tschimmla, tschim, Partie!

Hät 't Jüppche voll et Büßche
Un eß de Kirmes uus,
Spazeere Schimmel, Füßche

Wä nor en Geiß em Ställche
Un noch su ärm es dran,
Muss Kirmeswegg un Geldche
Doch för de Päädcher han.
Dann süht hä dat Vergnöge,
Wat et de Kinder mäht,
Su durch de Looch[5] zo fleege
Op ehrem hölzer Pääd,
Su durch de Looch zo fleege
Op ehrem hölzer Pääd.
Trick der Aal der letzte Fuss[6]
Us dem Wammes noch erus.
Tschimmla, tschimmla, hopsassa,
Tschimmla, tschim, Partie!

Do sitz als wie 'ne Ritter,
Un hinger sich de Mäd,
Der Meisterknääch, der Pitter,
Gar stolz op singem Pääd.
Se häld in fass ömschlunge,
Hä stich met singer Lanz
Vör all dä andre Junge
Grad meddsen[7] durch der Kranz,
Vör all dä andre Junge
Grad meddsen durch der Kranz.
Un dat Kohstalls Annemarie
Juuz un häld der Pries en de Hüh.
Tschimmla, tschimmla, hopsassa,
Tschimmla, tschim, Partie!

Hät 't Jüppche voll et Bühßche[8]
Un es de Kirmes us,
Spazeere Schimmel, Füssche

Fruh en ehr hölzen Huus.
De Jungen un de Mädcher
Sin dröm wahl ärg bedröv,
Bes Jüppche met dä Pädcher
Zom Avschied inne röf,
Bes Jüppche met de Pädcher
Zom Abschied inne röf:
Kumm'n ich widder met Bläß und Brung
Hät jed's Mädche singe Jung.
Tschimmla, tschimmla, hopsassa,
Tschimmla, tschim, Partie!

Et Schnüsse-Tring

Schnüsse-Tring dun ich mich schrieve,
Ben vun Ohßendörp zo Hus;
Weil ming Möhn su vill dät kieve,
Leef ich an dem Dörp erus.

Fruh en ehr hölzer Huus.
De Jungen un de Mädcher
Sin dröm wall ärg bedröv,
Bes Jüppche met dä Päädcher
Zom Avschied inne röf,
Bes Jüppche met dä Päädcher
Zom Avschied inne röf:
Kummen ich widder met Bläss un Brung,
Hät jed' Mädche singe Jung.
Tschimmla, tschimmla, hopsassa,
Tschimmla, tschim, Partie!

(JosephRoesberg)

[1] *Sett(che)*: dt. ‚Elisabeth'
[2] *Lavumm*: dt. ‚Tambourin'
[3] *Partie*: k. ‚Partie fahre': eine Karussellfahrt mit Ringelstechen (Ringelstechen: Bei diesem Spiel versuchten Burschen an einem seitwärts stehenden Pfahl aufgehängte Ringe im Vorbeisausen mittels eines Eisens zu durchstechen oder mit der Hand einen an einem Pfahl angebrachten Zapfen zu greifen und herauszuziehen. Wem es gelang, hatte eine Freifahrt. Aus: Wrede, s.u. ‚Karessell'
[4] *Stirk(e)*: dt. ‚Sterke, Mähre, altes Pferd'
[5] *Looch*: v; k. ‚Luff'
[6] *Fuß/Fuss*: alte jülisch-bergische Kupfermünze
[7] *meddsen*: v; k. ‚medden'
[8] *Bühß(che)*: v; dt. ‚Geldbüchse'

Et Schnüsse-Tring

Schnüsse-Tring dun ich mich schrieve,
Ben vun Ohßendörp zo Hus;
Weil ming Möhn su vill dät kieve,
Leef ich an däm Dörp erus.

Drei Johr deenten ich zo Kölle,
Hatt derwiel nor drückzehn Stelle –
Seht, wie ich mich do bedrog:
„Treu un fließig", steiht em Boch.

Eesch, Madam, muß ich Üch froge:
Sin och noch klein Kinder do?
Mich met Windlewäsche ploge,
Geiht doch minger Ehr zo noh.
Och wööd et mich ärg verdreeße,
Dät Ehr Wing un Fleisch verschleeße
Un mer alles fing un klor
Noh wollt rechnen ob en Hoor.

„Ävver Tring, Ehr künnt doch koche,
Wäsche, putze secherlich?"
Och, Madam!! – Doch en der Woche
Wünsch ich einen Dag för mich.
Och mööt Ehr meer nit verwehre,
Well ich ümmes enviteere,
Ich dat Fremdezemmer dann
Nommedags benotze kann.

Un Madam, de Stroß zo kehre,
Eß dann doch kein Schecklichkeit;
Och fexeeren uns de Häre,
Wann mer an der Pumpe steiht.

Seht, Madam, dat Wasser holle
Un dat Greß un och de Kolle
För e Mädche geiht nit an,
Mutt doför nen Husknäch han.

Drei Johr deente ich zo Kölle,
Hatt derwiel nor drücksehn Stelle.
Seht, wie ich mich do bedrog:
„Treu un fließig" steiht em Boch.

Eesch, Madame, muss ich Üch froge:
Sin och noch klein Kinder do?
Mich met Windelwäsche ploge,
Geiht doch minger Ihr zo noh.
Och wöödt[1] et mich ärg verdreeße,
Dät Ehr Wing un Fleisch verschleeße
Un mer alles fing un klor
Noh wollt rechne op e Hoor.

„Ävver Tring, Ehr künnt doch koche,
Wäsche, putze secherlich?"
Och, Madame! – Doch en der Woche
Wünsch ich einen Dag för mich.
Och mööt Ehr mer nit verwehre,
Well ich ümmes[2] enviteere,
Ich dat Fremdezemmer dann
Nommedags benotze kann.

Un Madame, de Stroß zo kehre,
Es dann doch kein Schecklichkeit.
Och fexeere uns de Hääre,
Wann mer an der Pumpe steiht.

Seht, Madame, dat Wasser holle
Un dat Greß[3] un och de Kolle
För e Mädche geiht nit aan,
Mööt doför 'nen Huusknääch han.

Och wööd et mich ärg dun freue,
Köm de Putzfrau hee un do;
Soll Madam de Usgab scheue,
Lägen ich noch jet derzo.
Och dörft Ehr dä Schatz nit schänge,
Deit hä Sonndags Ovends bränge
Mich wal ens jet spät noh Hus, –
Seht, dat halden ich mer us.

Alle veezehn Dage muß ich
Sonndags mingen Usgang han
Un dä andre Sonndag-Meddag
För Kompliet un Prädig dann.
Och dörft Ehr Üch nit beklage,
Wann an Feß- un Kirmesdage
Oder söns, wann't Spill zo Hus,
Ich en Woch ens blieven us.

För e Johr, dat ich mich ploge,
Mein ich, steht et meer doch an,
Fuffzig Daler Luhn zo froge
Un e Kleid för hell'ge Mann
Un –
„Do häß jo noch vergesse,
Wat's do jeden Dag wells fresse;
Zur Bedeenung, Boore-Tring,
Holl'n ich deer en Waatsbeging."

Och wöödt¹ et mich ärg dun freue,
Köm de Putzfrau hee un do.
Soll Madame de Usgab scheue,
Lägen ich noch jet dozo.
Och dürft Ehr dä Schatz nit schänge,
Deit hä sonndags ovends bränge
Mich wall ens jet späd noh Hus.
Seht, dat halde ich mer us.

Alle veezehn Dage muss ich
Sonndags mingen Usgang han
Un dä andre Sonndag-Meddag
För Kumpliet⁴ un Prädig dann.
Och dürft Ehr Üch nit beklage,
Wann an Fess- un Kirmesdage
Oder söns, wann Spill zo Hus,
Ich en Woch ens blieve us.

För e Johr dät ich mich ploge,
Mein ich, steiht et mer doch aan,
Fuffzig Daler Luhn zo froge
Un e Kleid för hell'ge Mann
Un –
„Do häs jo noch vergesse,
Wat do jeden Dag wells fresse.
Zor Bedeenung, Boore-Tring,
Holl'n ich dir en Waatsbeging⁵."

(Joseph Roesberg)

¹ wöödt: k. ‚dät'
² ümmes: v; k. ‚einer', dt. ‚jemand'
³ Greß: v; Kohlenstaub; Gemenge von feinen Steinkohlen ohne größere Stücke (mit Lehm, Pottasche, Wasser vermengt; vgl. gemangk Greß)
⁴ Kumpliet: v; dt. ‚Abendandacht'
⁵ Waatsbeging: v; dt. ‚Krankenpflegerin, Nonne'

Fastelovend kütt eran

Fastelovend eß e Wötche, wat der Kölsche bloß versteiht,
wann och Main, Berlin un Ooche un och Düsseldörp jet deit;
dann däm Kölsche litt dat Dinge, dat su heisch,
tireck em Blot;
Jung un Mädche, Ühm' un Möhne, selvs de Beß,
die eß im got;
jedem klitzekleine Pen op Maskeere steiht der Senn,
un dem allerälteste Stätz höpp beim Denken dran
et Hätz.
Un wann hä nit dääch, der Mutter lög dä Dag jet
unbequäm,
op de Welt dann jede Kölsche grad am Rusenmondag köm.
Hu! wat eß dat doch e Levve, wann Neujohr der
Anfang mäht,
un met Maske, Pürk un Anzög sin de Laden usstaffeet.
Wie söns am Kunditerschlade litt de Jungeschwitt
jetz bloß
an de Finst're de Funke, Räuber, Paijatz un
Matros.
„Fastelovend kütt eran!" „Un wat maache meer uns
dann?"
„Süch, die Nas do krigen ich!" „Do, die Pläät, die
eß für mich!"
„Un met Triangel, Trumm un Trööt maache meer
dann och ne Zog,
ich, der Chreß, der Schäng, der Köbes un der Fuß,
der Balzer och!"

Fastelovend kütt eraan

Fastelovend es e Wöödche, wat der Kölsche bloß versteiht,
Wann och Mainz, Berlin un Ooche un och Düsseldörp jet deit;
Dann däm Kölsche litt dat Dinge, dat su heiß, tirek em Blod:
Jung un Mädche, Ühm un Möhn, selvs de Bess, die es im god.
Jedem klitzekleine Pen[1] op Maskeere steiht der Senn,
Un däm alleräldste Stätz höpp beim Denken dran et Hätz.
Un wann hä nit dääch, der Mutter lög dä Dag jet unbequäm,
Op de Welt dann jede Kölsche grad am Rusemondag köm.
Hu! Wat es dat doch e Levve, wann Neujohr der Aanfang mäht,
Un met Maske, Pürk un Aanzög sin de Läde usstaffeet.
Wie söns am Konditterlade litt de Jungeschwitt jetz bloß
An de Finstere met de Funke, Räuber, Paijatz[2] un Matros.
„Fastelovend kütt eraan!" „Un wat maache mer uns dann?"
„Süch, die Nas do krigen ich!" „Do, die Pläät, die es för mich!"
„Un met Trumm, Tröt un Triangel maache mer dann och 'ne Zog,
Ich, der Chress, der Schäng, der Köbes un der Fuss, der Balzer[3] och."

Un de Häre, die et Johr durch han bloß Arbeit un Verdroß,
Sonndags em Zolosche Gade ehren einz'ge Kunsgenoß, –
jetz de Frauen un de Dööchter schecke se nohm Aapenhus,
Kaat un Kapp em Üvverzieher, sei sich dröcke höösch uns lus,
setzen en dem Kumitee. Met Hurra! heid! juchhe!
weed gesungen un gelaach, dat em Saal der Bodden kraach;
un wann dann de Frau des Ovends krüddig an zo knottre fängk,
weed getrüs se met dä Krätzcher, die der Mann noh Hus met brängk.
Un dat jung Volk, dat der Jöhrcher un de Hörcher krus noch hät,
kraut nohm Maskeball un mäht sich bletzeblank un bunk un nett.
Wat der Göz'nich en dä Woche all zo sinn un höre kritt,
dat beschrieve dausend Schriever en zehndausend Johr üch nit.
Weed gedanz, jejuhz, geros, karesseet och müngchesmoß:
Fastelovend kütt eran, jedes Mädche kritt ne Mann!
Wer nohm Gözenich en Kölle sich en Frau ze söke geiht
un kein fingk, dat eß ne Stockfesch – grad eruss – dä deit meer leid!
Op der Stroß un en de Hüser alles löstig läv un laach;

Un de Häare, die et Johr durch han bloß Arbeid un Verdross,
Sonndags em Zolo'sche Gaade ehren einzige Kunsgenoss. –
Jetz de Frauen un de Dööchter schecke se nohm Aapehuus,
Kaat un Kapp em Üvverzieher, sei sich dröcke höösch un luus,
Setzen en däm Komitee. Met Hurra! Heidi! Juchhee!
Weed gesungen un gelaach, dat em Saal der Boddem kraach.
Un wann dann de Frau des Ovends krüdd'ig aan zo knott'e fängk,
Weed getrüs se met dä Krätzcher, die der Mann noh Hus metbrängk.
Un dat jung Volk, dat de Jöhrcher un de Höörcher kruus noch hät,
Kraut[4] nohm Maskeball un mäht sich bletzeblank un bunt un nett.
Wat der Gööz'ich en dä Woche all zo sinn un höre kritt,
Dat beschrieve dausend Schriever en zehndausend Johr üch nit.
Weed gedanz, gejuuz, geros, karesseet och müngchesmoß:
Fastelovend kütt eraan, jedes Mädche kritt 'ne Mann!
Wä nohm Göözenich en Kölle sich en Frau ze söke geiht
Un kein fingk, dat es 'ne Stockfesch – grad erus – dä deit mer leid.
Op der Stroß un en de Hüüser alles löstig läv un laach.

en der Faas, do gitt et immer noch genog, wat mer nit mag;
un et Levven eß verdreeßlich doch et ganze Johr genog,
un wat hät dä dann, dä schleeßlich an der Pooz eruss mer drog!
Halt nor faß am Fasteleer, Kölschen Boor, ich roden deer:
halt et faß, die Kinderhätz, kölsche Klaaf und kölsche Krätz!
Wann och Mainz, Berlin un Ooche un och Düsseldörf jet deit,
Fastelovend es e Wötche, wat der Kölsche bloß versteiht.

November

Ettipp und tupp un jutsch un prutsch
Ob Finster, Kall un Dächer,
De Looch eß zo, e Leech eß futsch,
Un wie der linke Schächer,
Su mäht der Himmel e Geseech
Voll Krünkle un voll Falde,
Als dät för't große Weltgereech
Hä Vörberodung halde.
Klätschnaaß de Stroß, de Sode voll,
Bedröv de Minsche klage:

En der Faas, do gitt et immer noch genog, wat mer
nit mag.
Un et Levven es verdreeßlich doch et ganze Johr
genog.
Un wat hät hä dann, dä schleeßlich an der Pooz
erus mer drog?!
Hald nor fass am Fasteleer, Kölsche Boor, ich roden
dir.
Hald et fass, di Kinderhätz, kölsche Klaaf un köl-
sche Krätz!
Wann och Mainz, Berlin un Ooche un och
Düsseldörp jet deit,
Fastelovend es e Wöödche, wat der Kölsche bloß
versteiht.

(Wilhelm Schneider-Clauß)

[1] *Pen*: v; k. 'Penn'; dt. ‚kleines Kind'
[2] *Paijatz*: v; dt. ‚Hanswurst' (aus ital. *pagliaccio* ‚Clown')
[3] *Balzer*: v; dt. ‚Balthasar'
[4] *kraue*: v; dt. ‚eilen, laufen'

November

Et tipp un tupp un jutsch un prutsch
Op Finster, Kall un Däächer.
De Looch[1] es zo, et Leech es futsch.
Un wie dä linke Schächer[2]
Su mäht der Himmel e Geseech
Voll Krünk'le un voll Falde,
Als dät för 't große Weltgereech
Hä Vörbereidung halde.
Klätschnaaß de Stroß, de Sode voll,
Bedröv de Minsche klage:

Dat eß e Wedder, wo mer soll
Rack keine Hungk dren jage!
Bloß ob der Kirch der Wedderhahn
Dä blotz un blänk su glöh'dig
Un schwänk me'm Stätz un hält sich dran
Un driht sich üvvermödig.
Un us der Schull heenevve klingk
E Leedche durch de More;
De kleinste Klaß, die üb un singk:
Zo Bethlehem gebore ...

Ald widder ob eneuts

Ald widder es e Johr eröm,
Ald widder kütt e neu;
Un wor et schläch och öm un töm,
voll Plackerei un Kräu,
Et es egal, mer hoffen doch
Met Trummels un Gefleuts,
Dat uns dat neue Weckbrei koch,
Ald widder ob eneuts

Neujohr, Dreikünn'ge, Fasteleer,
Dann Poosch- un Pingstendäg;
Noh Allerhill'ge hät de Kehr
Als Chressdag widder kräg.

Dat es e Wedder, wo mer soll
Rack keine Hungk dren jage!
Bloß op der Kirch der Wedderhahn
Dä bletz un blänk su glöhdig
Un schwenk mem Stätz un häld sich draan
Un driht sich üvvermödig.
Un us der Schull heenevve klingk
E Leedche durch de Moore.
De kleinste Klass, die üb un singk:
Zo Bethlehem gebore ...

       (Wilhelm Schneider-Clauß)

[1] *Looch*: v; k. ‚Luff'
[2] *Schächer*: v; dt. ‚Räuber, Mörder'

Ald widder op eneuts[1]

Ald widder es e Johr eröm,
Ald widder kütt e neu;
Un wor et schlääch och öm un töm[2],
voll Plackerei un Kräu,
Et es egal, mer hoffen doch
Met Trummels un Gefleuts,
Dat uns dat neue Weggbrei[3] koch
Ald widder op eneuts.

Neujohr, Dreikünn'ge, Fasteleer,
Dann Poosch- un Pingstedäg;
Noh Allerhell'ge hät de Kehr
Ald Chressdag widder kräg.

Su liet dä stief' Kalendermann
Se reeren us der Reuz
Johrus, johren, un fängk dann an
Ald widder ob eneuts.

Un Minschelevve, Minscheglöck,
Die reere räuhig met,
Ze lantsam däm un däm zo flöck
Un doch em gliche Schrett,
Bes dat der Speegel met der Schöpp
Se zodeck allebeids.
De Sonn die schingk, der Rähn dä dröpp
Ald widder ob eneuts.

Su liet dä stiev' Kalendermann
Se reeren[4] us der Reuz[5] johrus,
Johren, un fängk dann aan
Ald widder op eneuts.

Un Minschelevve, Minscheglöck,
Die reere räuhig met,
Ze langsam däm un däm zo flöck
Un doch em gliche Schredd,
Bes dat der Speegel met der Schöpp[6]
Se zodeck allebeids.
De Sonn die schingk, der Rähn dä dröpp
Ald widder op eneuts.

(Wilhelm Schneider-Clauß)

[1] *op eneuts*: v; dt. ‚auf eine Neues'; k. ‚vun vürre'
[2] *öm un töm*: dt. ‚rundum, rundherum'
[3] *Wegg*: dt. ‚Weizenbrot' (hier: ‚Brotteig')
[4] *reere*: v; k. ‚risele'
[5] *Reuz*: dt. ‚Rückentragekorb'
[6] *der Speegel met der Schöpp*: RA, dt. ‚der Tod'; Herkunft unklar, zu vermuten sind: die Totengräberschaufel blinkt im Tageslicht; Symbol aus dem deutschen Kartenspiel (eher unwahrscheinlich); oder: ‚Speegel' ist der Name eines Bestatters aus jener Zeit.

Der eezte Schnei

Un no eß hück och Schnei gefalle!
Wie Putezucker fis'lig fing
Kläv hä ob Tonnspetz, Feesch un Kalle
Vun Künebäts bes Zinter Vring.

Ob alle Dächer, alle Panne
Hät hä sing wieße Spor gesatz;
No ävver güß et wie us Kanne,
Un bovven hängk et noch su schwatz.

Schwatz geiht et durch dat wieß Gerisels
Wie ne Pastor em Röckeling,
Un bloß vun all däm hell Gefisels
Flüch durch der dunklen Dag ne Sching.

De Kirchtön löchte wie Flambaue, –
Un all die Hüser, Gaß an Gaß,
Die stonn un lunke wie Rabaue:
„Hu! E Begräbnis eezter Klaß!"

Kölsch Hännesche

Et schönste Kreppche, wat et gitt,
Dat gitt e doch zo Kölle.
Wat saht ehr do? Ehr kennt dat nit?

Der eetste Schnei

Un no es hügg och Schnei gefalle!
Wie Puderzucker fis'lig fing
Kläv hä op Toonspetz, Feesch un Kalle
Vun Kunibäät[1] bes Zinter Vring[2].

Op alle Däächer, alle Panne
Hät hä sing wieße Spor gesatz;
No ävver güüß et wie us Kanne,
Un bovven hängk et noch su schwatz.

Schwatz geiht et durch dat wieß Gerisels
Wie ne Pastur em Röckeling[3]
Un bloß vun all däm hell Gefisels
Flüg durch dä dunkle Dag 'ne Sching.

De Kirchtöön leuchte wie Flambaue[4]
Un all die Hüüser, Gass an Gass,
Die stonn un lunke wie Rabaue :
„Hu! E Begräbbnis eetster Klass!"

(Wilhelm Schneider-Clauß)

[1] *Kunibäät*: St. Kunibert: romanische Kirche im Norden Kölns
[2] *Zinter Vring*: St. Severin: romanische Kirche im Süden Kölns
[3] *Röckeling*: v; enges Priestergewand
[4] *Flambaue*: v; (frz. *flambeau*) dt. ‚Fackel, tragbarer Kerzenstock'

Kölsch Hännesche

Et schönste Kreppche, wat et gitt,
Dat gitt et doch zo Kölle.
Wat saht ehr do? Dat kennt ehr nit?

Dann muß ich üch verzälle.
Uns kölsch Thiater eß bekannt
un vill gerühmp en Stadt un Land,
der Stöckcher spillt et allerhand,
ehr dörft hoh Anspröch stelle.
Eß och vun Holz un Stoff sing Welt,
et uns doch got gefällt.

Wann alle Pöppcher danze
zom tri, zom tru, zom tralala,
der Schäl, dä geiht op et Ganze,
zom tri, zom trudera,
un wann der Mählwurms Pitter
su löstig spillt de Zitter,
un wann et Hännesche se all dann öm de Lappe
schleit,
Jung, dann ha'mer Freud, Jung, dann ha'mer
Freud,
un wann et Hännesche se all dann öm de Lappe
schleit,
dann ha'mer Kinder Freud!

Et Hännesche, dä löst'ge Fant,
dä mäht et Haupfigörche.
Dä Schäl, dat eß dä Intrigant,
der Baas sitz em Kuntörche.
Et Bärbche un die Bestemo,
och der Speimanes, dä eß do,
der Tünn em Kamesölche blo
en Nas hät wie en Förche.
Geiht endlich dann der Plaggen op,
dann jutzen Weech un Stropp:

Dann muss ich üch verzälle.
Uns kölsch Theater es bekannt
Un vill gerühmp en Stadt un Land.
Der Stöckcher[1] spillt et allerhand,
Ehr dörft huh Aanspröch stelle.
Es och vun Holz un Stoff sing Welt,
Et uns doch god gefällt.

Wann all die Pöppcher danze
Zom tri, zom tru, zom tralala,
Der Schäl, dä geiht op et Ganze,
Zom tri, zom trudera,
Un wann dä Mählwurms Pitter
Su löstig spillt de Zitter,
Un wann et Hännesche se all dann öm de Lappe[2]
schleiht,
Jung, dann ha'mer Freud, Jung, dann ha'mer
Freud,
Un wann et Hännesche se all dann öm de Lappe
schleiht,
Jo, dann ha'mer Kinderfreud.

Et Hännesche, dä löstige Fant,
Dä mäht et Haupfigörche.
Dä Schäl, dat es dä Intrigant.
Der Baas sitz em Kontörche.
Et Bärbche un die Bestemo,
Och der Speimanes, dä es do,
Der Tünn em Kamesölche blo
En Nas hät wie e Föörche.
Geiht endlich dann der Plaggen op,
Dann juuzen Weech un Stropp:

Wann alle Pöppcher danze ...

Uns Poppespillche hät en Plaatz
en jedem Kinderhätze.
Dat Bildche eß jet ganz Apaats,
süht mehr die Quös do setze.
Met rude Backe, heiße Köpp,
su staune klein un große Ströpp.
Wann et do bovve richtig stöpp,
vermaachen sich die Fetze.
Us jedem helle Kinderbleck,
do strohlt e sillig Glöck.

Wann alle Pöppcher danze ...

Grad wie beim kölsch Kumedespill,
su eß et ov em Levve.
Der Stöckelcher, der gitt et vill,
die he wie do se gevve.
No seht se üch doch an, die Lück,
dä ein, dä hät mem andre Strick,
bis dat am Engk dann vun nem Stöck
et öntlich Reß gegevve.
Schlon sei sich och de Auge blo,
meer lore räuhig zo.

Wann alle Pöppcher danze ...

Wann all die Pöppcher danze ...

Uns Poppespillche hät en Plaatz
En jedem Kinderhätze.
Dat Beldche es jet ganz Apaats,
Süht mer die Quös do setze.
Met rude[3] Backe, heiße Köpp,
Su staune klein un große Ströpp.
Wann et do bovve richtig stöbb,
Vermaache sich die Fetze.
Us jedem helle Kinderbleck,
Do strohlt e sillig Glöck.

Wann all die Pöppcher danze ...

Grad wie beim kölsch Kumedespill,
Su es et off em Levve.
Der Stöckelcher, der[1] gitt et vill,
Die hee wie do se gevve.
No seht se üch doch aan, die Lück,
Dä ein, dä hät mem andre Strigg,
Bes dat am Engk dann vun 'nem Stöck
Et ööntlich Ress gegovve.
Schlonn sei sich och de Auge blo,
Mer loore räuhig zo.

Wann all die Pöppcher danze ...

(Albert Schneider)

[1] *der Stöckcher*: dt. Genitiv; hier aus Rhythmusgründen verwendet (s. Herrwegen, *De kölsche Sproch*, S. 135 f.)
[2] *Lappe*: v; dt. ‚Ohren/Ohrmuscheln'; öm de Lappe schlage: k. ‚verkamesöle'
[3] *rude*: ‚e' aus Rhythmusgründen (s. Herrwegen, *De kölsche Sproch*, S. 195)

Der Groschen em Pott

Der Fritz hatt Mondags große Brand
Un drunk des Morgens singer Tant
Wie hä op Arbeit ging erus,
Em Rüppche flöck der Milchpott us,
Derwiel die decke Tant noch nett
Em Nevvezimmer log em Bett.
Un fädig met dem Magetrus,
Putz hä nett blank et Döppchen us,
Laht dann ne Grosche dren un daach:
„Su schleit de Tant mer keine Kraach."
Dä Lotterbov woß ganz genau,
Dat su et maht die decke Frau
Un immer en et Döppe dät
'Ne Grosche för de Booremäd,
Die morgens ald en aller Fröh
De Milch braht von de Poller Köh...

Un wie de Tant öm Ohr ov aach
Us schwärem Draum eß obgewaach
Un sich – wie dat de Tante litt –
Zom Kochen an der Kaffe gitt,
Dann och der Milchpott krige well,
Do säht sei: „Süch, dat Poller Bell,
Dat hät vergesse mich – no wad" –
Un hück mer gar kein Milch gebraht."

Un andern Dags de Tant ald schreit,
Wie op der Trapp met singer Teut
Die boore Trumm kütt angefäg:
„No hör ens, Bell, dat eß nit räch,

Der Groschen em Pott

Der Fritz hatt mondags große Brand
Un drunk des Morgens singer Tant,
Wie hä op Arbeid ging erus,
Em Rüppche flöck der Milchpott us,
Derwiel die decke Tant noch nett
Em Nevvezemmer log em Bedd.
Un fäädig met däm Magetrus,
Putz hä nett blank dat Döppchen us,
Laht dann 'ne Grosche dren un daach:
„Su schleiht de Tant mer keine Kraach."
Dä Lotterbov woss ganz genau,
Dat su et maht die decke Frau
Un immer en et Döppe dät
'Ne Grosche för die Booremäd,
Die morgens ald en aller Fröh
De Milch braht vun de Poller Köh.

Un wie de Tant öm Ohr ov aach
Us schwerem Draum es opgewaach
Un sich – wie dat de Tant jo lett –
Zom Koche an der Kaffee gitt,
Dann och der Milchpott krige well,
Do säht se: „Süch, dat Poller Bell,
Dat hät vergesse mich – no waad!
Un hügg mer gar kein Milch gebraht."

Un andern Dags de Tant ald schreit,
Wie op der Trapp met singer Teut
Die boore Trumm kütt angefäg:
„No hör ens, Bell, dat es nit rääch,

Dat do mich gester su per se
Häß einfach üvvergange hee:
Do häß em Underhus doch och
De Milch gebraht beim Schuster Koch."

„Och, leev Frau Möck, ich han Üch och
De Milch gebraht, – kutt, froht der Koch.
Un och vum eeschte Stock et Len
Dat hätt mich op der Trapp geseen.
Un ich well keine Schrett mih gohn,
Wann ich de Milch nit dren gedohn!"

„Wat, wat!" schreit do de Tant en Wot,
„Dat Dingen eß verhaftig got,
Do wells mich Löge strofe? Hör,
Do beß e ganz verloge Deer:
Dä Pott do met dem Grosche blank
Stund leddig ob der Döppebank!
Wie kanns do sage noch, do Schruut
Hätts Milch gebraht, do Boorebrud ...?"

„Och," bletz no ob et Poller Bell
Un schreit: „Frau Möck, en bößge stell!
Ehr sid jo hück us Rand un Band,
Ehr schängkt jo wie 'ne Maatschaschant!
Wat meint Ehr dann, wat Ehr dann sid,
Wat mer an Öhrem Grauschen litt?
Ich sagen et un han gesaht,
Dat gester ich de Milch gebraht;
Su wohr, wie ich hee vör Üch stohn,
Ich han se en der Pott gedohn."

Dat do mich gester su per se
Häs einfach üvvergange hee.
Do häs em Ungerhuus doch och
De Milch gebraht beim Schuster Koch."

„Och, leev Frau Möck, ich han Üch och
De Milch gebraht, – kutt, frogt der Koch,
Un och vum eeschte Stock et Len,
Dat hät mich op der Trapp gesehn*.
Un ich well keine Schredd mih gohn*,
Wann ich de Milch nit dren gedohn*!"

„Wat, wat!" schreit do de Tant en Wod,
„Dat Dingen es verhaftig god,
Do wells mich Lege strofe? Hör,
Do bes e ganz verloge Dier:
Dä Pott do met däm Grosche blank
Stundt leddig op der Döppebank!
Wie kanns do sage noch, do Schrut,
Hätts Milch gebraht, do Boorebrud ...?"

„Och" bletz no op et Poller Bell
Un schreit: „Frau Möck, e bössche* stell!
Ehr sid jo hügg us Rand un Band,
Ehr schängkt jo wie 'ne Maatschaschant!
Wat meint Ehr dann, wat Ehr dann sid,
Wat mir an Üürem Grausche*[1] litt?
Ich sagen et un han gesaht,
Dat gester ich de Milch gebraht.
Su wohr, wie ich hee vör Üch stohn*,
Ich han se en der Pott gedohn*."

„Un sich," su kriht de Tant dorob,
„Ich krige glich dich met dem Kopp.
Ich sage deer: Der Milchpott blank
Stund leddig ob der Döppebank!
Un hätts do Milch dodrenn geschott,
Dann wör doch och dä Grosche fott,
Dä do om Bodden log noch grad,
Wie ich in en der Pott gelaht.
Do kanns jo leege wie gedröck
Do boore Qualster beß verröck!"

„Ich wör verröck? – Nä, E h r sid jeck!"
Juz do et Bell un danz om Fleck.
„Herr Koch, Frau Denz, kutt doch ens her,
Ehr künnt et doch bezeuge meer,
Dat gester ich hee bovvenob
De Milch wie immer braht erob ...?"

Dä Schuster Koch em Underhus,
Dä vun dem Bell vill Grosche luus,
Wel it de Schohn do maache leet,
Dä reef erob: „Frau Möck, no hö't:
Et Bell, dat kom, Sechs schlog de Klock,
Wie immer met der Milch gesock,
Un minge Schobbe kräg ich do
Un och 'ne Jutsch wie immer zo.
Un dann ging et erop bei Üch,
Dat eß geweß: denn dat weiß ich.
Un Ehr saht no, et wör nit wohr?
Ehr hat geschlofe, dat eß klor ..."

„Un ich", su kriht de Tant dorop,
„Ich krige glich dich met dem Kopp.
Ich sage dir: dä Milchpott blank
Stundt leddig op der Döppebank!
Un hätts do Milch dodren geschodt,
Dann wör doch och dä Grosche fott,
Dä do om Boddem log noch grad,
Wie ich in en der Pott gelaht.
Do kanns jo lege wie gedröck
Do boore Qualster bes verröck!"

„Ich wör verröck? – Nä, E h r sid jeck!"
Juuz do et Bell un danz om Fleck.
„Herr Koch, Frau Denz, kutt doch ens her,
Ehr künnt et doch bezeuge mer,
Dat gester ich hee bovvenop
De Milch wie immer braht erop."

Dä Schuster Koch em Underhuus,
Dä vun däm Bell vill Grosche luus
Weil it de Schohn do maache leet,
Dä reef erop: „Frau Möck, no hööt:
Et Bell dat kom, sechs schlog de Klock,
Wie immer met der Milch gesock[2],
Un minge Schobbe kräg ich do
Un och 'ne Jutsch[3] wie immerzo.
Un dann ging et erop bei Üch,
Dat es gewess, dann dat weiß ich.
Un Ehr saht no, et wör nit wohr?
Ehr hat geschlofe, dat es klor."

Un flöck wie Rähn vun der Frau Möck
Och ald de Antwort kom zoröck:
„Wat geiht dat Üch an, wat ich dun?
Ov hat Ehr Schade villeich dervun,
Wann ich öm sibbe ov öm aach
Des Morgens fröh eesch wäde waach?
Ehr kritt de Meet am Eeschte doch,
Dröm halt Üch drus, Herr Knaulapp Koch!"

Dä Meister Koch, dä hatt si Fett
Un säht: „Ehr Fraulück, blost Üch jet!"
Ging in sing Werkstell, nohm sing Nötz
un stochte us se met dem Metz...

Doch jitz hatt ävver och ald glich
Et Denze Len sich drengemisch
Un reef vum eeschte Stock: „Frau Möck,
Ich gläuv, Ehr sid hück jet verröck!
Der Unserein blech och sing Meet!
Ehr denkt, dat dät allein Ehr – neet?
Bezahlt dem Bell dä Grosche nor,
De Milch, die wod Üch secher soor."

No schlog et boven ävver Brand
Un wödig reef die decke Tant:
„Do fussig Kning, wat wells dann do?
Halt doch ding Gemöspooz zo!
Maach levver dat do för der Maat
Ding fimsch'ge Böckem kriß parat!
Loß nit, wann do ob Drevv deis gonn,
Der Stockfesch en der Wäschbütt stonn!
Un kömmer dich nit, wat ich hee
Me'm Bellche han – alt Kanapee ...!"

Un flöck wie Rähn vun der Frau Möck
Och ald de Antwood kom zoröck:
„Wat geiht dat Üch aan, wat ich dun?
Ov hatt Ehr Schade v'llleich dovun,
Wann ich öm sibbe ov öm aach
Des Morgens fröh eesch weede waach?
Ehr kritt de Meed am Eeschte doch,
Dröm haldt Üch drus, Herr Knaulapp[4] Koch!"

Dä Meister Koch, dä hatt si Fett
Un säht: „Ehr Fraulück, blost Üch jet!"
Ging en sing Werkstell, nohm sing Nötz
Un stochte[5] us se met dem Metz.

Doch jetz hatt ävver och ald glich
Et Denze Len sich drengemisch
Un reef vum eeschte Stock: „Frau Möck,
Ich gläuv, Ehr sid hügg jet verröck!
Der Unserein blech och sing Meed!
Ehr denkt, dat deit allein Ehr – neet[6]?
Bezahlt däm Bell dä Grosche nor,
De Milch, die woodt Üch secher soor."

No schlog et bovven ävver Brand,
Un wödig reef die decke Tant:
„Do fussig Kning, wat wells dann do?
Hald do doch ding Gemöspooz zo!
Maach leever, dat do för der Maat
Ding fimsch'ge Böckem kriss parat!
Loss nit, wann do op Drevv deis gonn,
Der Stockfesch en der Wäschbüdd stonn!
Un kömmer dich nit, wat ich hee
Mem Bellche han – ald Kanapee!"

„Och Gott!" uz do et Stockfesch-Len
Un klatsch im lefer ob de Kneen,
„Hö't ens dat deck Gemangbrud an,
Wat dat su adig schänge kann!
Wat gonn ming Fesch dich an, do Zaus!
Wann do jet wells, dann komm eraus!
Ming Fesch sin fresch und schmecke got –
Versteihs do dat, do kromm Komod?
Zerblötschte ahl Zahldatertrumm,
Do gäl verdrüch Panoptikum! ..."
Jitz wor et Stockfesch'chs-Len em Schoß
Un kräg am Schänge eez de Loß;
Et reß erav en einem Ton
Et Krahnebäume-Lexikon ...

Dat wor der Möck zo doll un schwapp!
Hatt sei der Bessen ald geschnapp.
„Wad, fussig Eichhoon, sugelich
Dann kummen ich friseere dich.
Häß do Kurasch, dann komm, halt Pol,
Beß bal kumplett för et Spidol!"

„Och, komm erav!" et Len do schreit,
„Ding Knöchelcher die dun meer leid.
En fünf Minute beß do hee
Gehack zom schönste Frikasee!"
Un domet us der Eck it flöck
Der Bessem schnapp als Gägestöck ...

Do unger stunte Mann und Frau
Un Kinder us dem Hinderbau
Un hoten an dat Matinee
Vergnög em deefste Neglischee ... –

„Och Godd!" uuz do et Stockfesch-Len
Un klatsch em lefer op de Kneen,
„Hööt ens dat deck Gemangbrud aan,
Wat dat su aadig schänge kann!
Wat gonn ming Fesch dich aan, do Zaus!
Wann do jet wells, dann kumm eraus[7]
Ming Fesch sin fresch un schmecke god –
Versteihs do dat, do kromm Kommod?
Zerblötschte aal Zaldatetrumm,
Do gääl verdrüg Panoptikum!"
Jetz wor et Stockfesch-Len em Schoss
Un kräg am Schänge eets de Loss;
Et ress erav en einem Ton
Et Krahnebäume-Lexikon.

Dat wor der Möck zo doll, un schwapp!
Hatt se der Besem ald geschnapp.
„Waad, fussig Eichhoon, sugelich[8]
Dann kumme ich friseere dich.
Häs do Courage, dann kumm, hald Pohl!
Bes baal komplett för et Spidol!"

„Och, kumm erav!" et Len do schreit,
„Ding Knöchelcher, die dun mer Leid.
En fünf Minutte bes do hee
Gehack zom schönste Frikassee!"
Un domet us der Eck et flöck
Der Besem schnapp als Gägestöck.

Do unge stundte Mann un Frau
Un Kinder us dem Hingerbau
Un hooten aan dat Matinee
Vergnög em deefste Negligé.

Der Fritz, dä schold am ganze Krom,
Jitz von der Läuv erunderkom;
Hä reckte sich un sohch vergnög
Sich an dat Fraulückszänkgelääsch.
Dann säht dä Räuber: „Hö't ens Tant,
Ehr hat et Bell för nix geschant,
Dann ich sohch gester, wie en Katz
Do ob de Döppebank sich satz,
Un die hät secher och ganz lus
Gesoffen Üch der Milchpott us."
„Haha!" schreit do et Poller Bell,
„Jitz halt de Mul, Frau Möck, sid stell!"
Doch wödig schnauz die an dä Fritz:
„Loß dich begrave, jecken Ditz!
Hät dann die Katz deer och gesaht,
Dat sei ne Grosche dren gelaht?
Maach mer kein Wippcher vör! De Möck
Die maht Ehr all noch nit verröck!"

„No, jo," hält faß der Fritz die, „Hö't:
Ich wor die Katz un ich han, seht,
Dat Hälvche Milch do us dem Pott
De Drankgaß gäng eravgeschott
Un dann us Ulk dä Grosche flöck
Dorenn gelaht – adjüs, Frau Möck!"
Un en 'nem Ruppdich wor dä Fätz
De Trapp erav, flöck wie der Bletz...

Verbasert stund de Tant no do.
Et Poller Bell loort wie en Koh,
Dem Böckems Len de Mul bleev ston,
Un unger heesch et: „Loß mer gon!
Die wore grad su nett em Schoß, –

Der Fritz, dä schold am ganze Krom,
Jetz vun der Läuv erunderkom.
Hä reckte sich un soch vergnög
Sich aan dat Fraulückszänkgeläg.
Dann säht dä Räuber: „Hööt ens, Tant,
Ehr hat et Bell för nix geschant,
Dann ich soch gester, wie en Katz
Do op de Döppebank sich satz,
Un die hät secher och ganz luus
Gesoffen Üch der Milchpott us."
„Haha!" schreit do et Poller Bell,
„Jetz haldt de Muul, Frau Möck, sid stell!"
Doch wödig schnauz die aan dä Fritz:
„Loss dich begrave, jecken Ditz!
Hät dann die Katz dir och gesaht,
Dat sei 'ne Grosche dren gelaht?
Maach mir kei Wippcher vör°! De Möck
Die maht Ehr all noch nit verröck!"

„No jo", häld fass der Fritz die, „hööt:
Ich wor die Katz un ich han, seht,
Dat Hälvche Milch do us dem Pott
De Drankgass gäng eravgeschodd
Un dann us Jux dä Grosche flöck
Dodren gelaht – adjüs, Frau Möck!"
Un en 'nem Ruppdich wor dä Fetz
De Trapp erav, flöck wie der Bletz.

Verbasert stundt de Tant no do.
Et Poller Bell loot wie en Koh,
Dem Böckems Len de Muul blevv stonn,
Un unge heeß et: „Loss mer gonn!
Die wore grad su nett em Schoss;

Dat eß doch schad, bal ging et loß!
En adig Dänzche, wann die Möck
Me'm Len sich öntlich ens geplöck.
Dä domme Jung, dä Fritz, dä hät
Verdorven uns dat schön Kunsät,"

Su säht der Hingerbau un ging.
Dä Schuster Koch da kannt de Sing:
Hä griemelt, kloppten ob der Penn,
Philosopheet' en singem Senn:
„En mingem Hus do eß jet loß,
Et eß et feins hee en der Stroß!
En aller Fröh weed kot un got
Ald jet Thiater opgefoht.
Am Eeschte, do verloßt Üch drob, –
Gon met der Meet ich jet erob!"

Dat es doch schad, baal ging et loss!
En aadig Dänzche, wann die Möck
Mem Len sich ööntlich ens geplöck.
Dä domme Jung, dä Fritz, dä hät
Verdorven uns dat schön' Konzäät."

Su säht der Hingerbau un ging,
Dä Schuster Koch dä kannt de Sing;
Hä griemelt, kloppten op der Penn,
Philosopheet' en singem Senn:
„En mingem Huus do es jet loss,
Et es et feins hee en der Stroß!
En aller Fröh weed koot un god
Ald jet Theater opgefoht.
Am Eeschte, do verlosst Üch drop,
Gonn met der Meed ich jet erop!"

(Christian Thill)

* regionaler Gebrauch, bes. im ländlichen Bereich, außerhalb des Stadtkölnischen
1 *Grausche*: regional für dt. ‚Groschen'
2 *gesock*: v; k. ‚socke', dt. ‚sich beeilen'
3 *Jutsch*: v; dt. ‚Guss, Wasserguss', vgl. k. ‚ene Jutsch Essig'
4 *Knaulapp*: Spottname für dt. ‚Schuster'
5 *stochte*: k. ‚stoch (se us dann)'
6 *neet*: aus Reimgründen so, k. ‚nit'
7 *eraus*: aus Reimgründen so, k. ‚erus'
8 *sugelich*: aus Reimgründen so belassen
9 *kei Wippcher vörmaache*: dt. ‚einem nichts vormachen'

De Spargelzupp

Mer wore d'rheim met sibbe Kinder, sechs Junge un ein Mädche. Wä kölsche Pänz kennt, dä weiß, wat esu en Reih Puute op sich hät un met sich brängk. Dat et ävver nie *zo* doll wood, doför sorgte unse Vatter, dä met uns Trabante e streng Regiment fohrt. Dat wor vür allem bei de Mohlzigge huhnüdig, ävver och d'r Fall.

Mer wonnten ungen am Rhing en enem schwere Kaste vun enem Hus, wat fröhter ens e Hutel gewäs wor un „Zum heiligen Geist" heesch. Die al Hotelzemmere wore groß un hatte nen huhe Plafung met allerhand Gipsgeschnörkels. Medden em Wonnzemmer hatte mer ne lange Desch. Bovven am Kopp vum Desch soß bei d'r Mohlzick d'r Vatter, drei Junge räächs, drei Junge links vum Desch, un uns Schwester soß am andere Kopp vum Desch dem Vatter vis à vis. Räächs vun de Tellere loge de Messerbänkcher, womet mer nohm Esse om Desch leserbahn spillte. Jeder vun uns hatt sie eige Schlabberlätzche, wat hinger em Nacke met enem Schlöbbche zogebunge wood. D'r ein hatt Zaldate dropgesteck, d'r andere Vüggel, d'r drette Hüscher, d'r veete en Windmüll, d'r fünfte e Scheffche, d'r sechste luuter klein Käälcher, un uns Schwester hatt große un klein Blömcher drop. Op d'r Plaatz vum Vatter log lang üvver d'r Desch, zwesche Teller un Messerbänke, d'r „Kinderfreund". Dat wor ene flutschige Reetstock, vür däm mer fies Strang hatte. Wo dä niddergingk, do dät et knalle.

Uns Mutter wor an däm Dag, an däm uns Stöckelche spillte, grad nit do. D'r Klapperstorch hatte se ald widder ens en et Bein gebesse. Et Mädche braht en große Kump Zupp op d'r Desch un schäppte jedem en. Üvver dem Enschäppe wood gebäät, un dann gingk dat Enhaue loß. Et wor Spargelzupp. Dat Flössige vun där Zupp gingk jo ganz nett erav, ävver dä Spargel wor ärg hat un holzig. Mer däte käue und däue un quetsche, ävver dat Züg woll nit erav.

De Spargelzupp

Mer wore doheim met sibbe Kinder, sechs Junge un ei Mädche. Wä kölsche Pänz kennt, dä weiß, wat esu en Reih Puute op sich hät un met sich brängk. Dat et ävver nie zo doll woodt, doför sorgte unse Vatter, dä met uns Trabante e streng Regiment foht. Dat wor vür allem bei de Mohlzigge huhnüdig, ävver och der Fall.

Mer wonnten ungen am Rhing en enem schwere Kaste vun enem Huus, wat fröher ens e Hotel gewäs wor un „Zum Heiligen Geist" heeß. Die aal Hotelzemmere wore groß un hatte 'nen huhe Plafung[1] met allerhand Gipsgeschnörkels. Medden em Wonnzemmer hatte mer 'ne lange Desch. Bovven am Kopp vum Desch soß bei der Mohlzigg der Vatter, drei Junge räächs, drei Junge links vum Desch, un uns Schwester soß am andere Kopp vum Desch, dem Vatter vis-à-vis. Räächs vun de Tellere loge de Messerbänkcher, womet mer nohm Esse om Desch leserbahn spillte. Jeder vun uns hatt si eige Schlabberlätzche, wat hingen em Nacke met enem Schlöppche zogebunge woodt. Der ein hatt Zaldate dropgesteck, der andere Vügel, der dretter Hüüscher, der veete en Windmüll, der fünfte e Scheffche, der sechste luuter klein Käälcher, un uns Schwester hatt große un klein Blömcher drop. Op dem Platz vum Vatter log lang üvver dem Desch, zwesche Teller un Messerbänkche, der „Kinderfreund". Dat wor ene flutschige Reetstock, vür däm mer fies Strang[2] hatte. Wo dä nidderging, do dät et knalle.

Uns Mutter wor an däm Dag, an däm uns Stöckelche spillte, grad nit do. Der Klapperstorch hatt se ald widder ens en et Bein gebesse. Et Mädche braht en große Kump Zupp op der Desch un scheppte jedem en. Üvver dem Enscheppe woodt gebädt, un dann ging dat Enhaue loss. Et wor Spargelzupp. Dat Flössige vun dä Zupp ging jo ganz nett erav, ävver dä Spargel wor ärg hadd un holzig. Mer däte käue un däue un quetsche, ävver dat Zeug wollt nit erav.

Weil et ävver bei unsem Vatter kein Reßcher beim Esse gov, wood gekäut und gekäut, dat uns Backe lutter decker un voller woodte. Ävver *erav* krä'te mer die holzige Strünk nit. D'r ein sohch d'r andere ahn, uns Nut wood ald luuter größer, wat ömesu schlemmer wor, weil unse Vatter dat holzige Züg eravschleckte, als wör et Wasser.

Uns stundte lantsam de Auge vürm Kopp; wie Hamstere hatte mer de Backe voll. En dausend Ängste spingste mer nohm Vatter, dä zom Glöck noch nix gemerkt hatt. – Do kom de Rettung. Nevvenan em Kuntor schellten et Telefon. Wödig stundt unse Vatter op, knallte sing Schlabberdoch en d'r Stohl un gingk en et Kuntor an et Telefon. Unse eeschte Gedanke wor: Dä Spargel us de Backe un fott domet! Äver woher? En d'r Ovve! Schad, dat gingk nit, denn d'r Vatter hatt de Dür nohm Wonnzemmer opgeloße un kunnt vum Telefon stracks op dä Ovve loore. Verbasert sohche mer uns ahn. Mer moote flöck handele, süns wor d'r Vatter widder do. Do kom einer op en schlaue Idee: Hä sprung vum Stohl op, leeß dä Spargel us d'r Mul en sing klein Häng flutsche un knallte dä weiche Knubbel met Wuptizität noh bovven an de Deck vum Zemmer. Klätsch – blevv dä Brei do bovve klevve.

Un mer andere, wie mer dat sohche, nit fuul, die Backe leddig – un klätsch, klitsch, klatsch, jöckte mer dä zo Brei gekäute Spargel noh bovven en dä Plafung akurat en dat Gipsgeschnörkels eren. Dat wor em Rüppche e Beldche do bovve, als wenn uns Zemmerdeck de Rüddele hätt kräge. Wie Stäne am Himmel hunge die Knübbelcher do bovven un mer sprunge vür Freud, dat mer dat holzige Züg endlich loß wore. Wie d'r Vatter widder erenkom, wore alle Zuppetellere leddig. Dat hat noch ens got gegange. –

Die leddige Tellere woodte avgerümp, dann kom Fleisch, Gemös un Ädäppel op d'r Desch. He un do lorte d'r ein d'r andere ens lus ahn un griemelte vür Freud, dat mer d'r Vatter drankräge hatte, wat verhaftig sons nit esu leich mügelich wor. Ävver uns Freud sollt nit lang dore. Unse

Weil et ävver bei unsem Vatter kein Resscher beim Esse gov, woodt gekäut un gekäut, dat uns Backe luuter decker un voller woodte. Ävver erav krähte mer die holzige Strünk nit. Der ein soch der andere aan; uns Nud woodt ald luuter größer, wat ömesu schlemmer wor, weil unse Vatter dat holzige Zeug eravschleckte, als wör et Wasser.

Uns stundte langsam de Auge vürm Kopp; wie Hamstere hatte mer de Backe voll. En dausend Ängs spingkste mer nohm Vatter, dä zom Glöck noch nix gemerk hatt. – Do kom de Rettung. Nevvenaan em Kuntor schellte et Telefon. Wödig stundt unse Vatter op, knallte sing Schlabberdoch en der Stohl un ging en et Kuntor an et Telefon. Unse eeschte Gedanke wor: Dä Spargel us de Backe un fott domet! Ävver woher? En der Ovve! Schad, dat ging nit, dann der Vatter hatt de Dür nohm Wonnzemmer opgelooße un kunnt vum Telefon stracks op dä Ovve loore. Verbasert soche mer uns aan. Mer moote flöck handele, söns wor der Vatter widder do. Do kom einer op en schlaue Idee: Hä sprung vum Stohl op, leet dä Spargel us der Muul en sing klein Häng flutsche un knallte dä weiche Kubbel met Wupptizität noh bovven an de Deck vum Zemmer. Klätsch – blevv dä Brei do bovve klevve.

Un mir andere, wie mer dat soche, nit fuul, de Backe leddig – un klätsch, klitsch, klatsch, jöckte mer dä zo Brei gekäute Spargel noh bovve an dä Plafung akkurat en dat Gipsgeschnörkels eren. Dat wor em Rüppche e Beldche do bovve, als wann uns Zemmerdeck de Rüddele hätt kräge. Wie Stääne am Himmel hinge die Knübbelcher do bovve un mer sprunge vür Freud, dat mer dat holzige Züg endlich loss wore. Wie der Vatter widder erenkom, wore alle Zuppetellere leddig. Dat hatt noch ens god gegange.

Die leddige Tellere woodte avgerüümp, dann kom Fleisch, Gemös un Aädääpel op der Desch. Hee un do loote der ein der andere ens luus aan un griemelte vür Freud, dat mer der Vatter draankräge hatte, wat verhaftig söns nit esu leich mügelich wor. Ävver uns Freud sollt nit lang doore.

Vatter wor grad dem Kleinste et Fleisch am schnigge, do log op eimol ne Knubbel usgekäute Spargel om Desch. Wo kom dä her? D'r Vatter lorte sich eesch ens dä Knubbel an, dann dät hä uns mustere, einer nohm andere. Dä – do log ald widder esu ne Knubbel! D'r Vatter hoot mem Fleischschnigge op. Denn hä wor esu platt, dat sing Geseech, weil hä ald widder met irgend esu ener Hanakerei rechne dät, ärg graveerlich un äns wood. Dä – ald widder esu ne Knubbel! Mer hatte kein Kurasch, uns zu rebbe un ze wäge. Wä worf dat gode Züg op d'r Desch? Jitz feel esu ne Knubbel op et Kanapee, dann eine op et gode Büffet, dann widder eine op d'r Desch. Au wieh, jitz lorte d'r Vatter noh bovve. Uns wood et andersch. Flöck hatt unse Vatter begreffe, wie dat Kreppche kumme wor. Dat dä Spargel do bovven an d'r Zimmerdeck drüg wood un widder eravkom, domet hatte mer nit gerechnet. Dat ävver de Spargelzupp vum Vatter un vun uns got verdaut wood, doför hät d'r „Kinderfreund" gesorg.

Betong un Jlas

Allt widder friß sich en uns Stroß
Der „Fortschritt" met Jewalt.
Betong un Jlas, em Üvvermoß,
Jrau, klotzich, bläck un kalt.

Er türmp sich huh, wäß Stock öm Stock,
Jilt als modern un schick.
Em Bunkerstill protz Block an Block
Als Usdrock för uns Zick.

Unse Vatter wor grad dem Kleinste et Fleisch am Schnigge, do log op eimol 'ne Knubbel usgekäute Spargel om Desch. Wo kom dä her? Der Vatter loorte sich eesch ens dä Kubbel aan, dann dät hä uns mustere, einer nohm andere. Dä – do log ald widder esu 'ne Knubbel! Der Vatter hoot mem Fleischschnigge op. Dann hä wor esu platt, dat sing Geseech, weil hä ald widder met irgend esu ener Hanakerei rechne dät, ärg graveerlich un äänz woodt. Dä – ald widder esu 'ne Knubbel! Mer hatte kein Courage, uns zo rebbe un zo wäge. Wä worf dat gode Zeug op der Desch? Jetz feel esu 'ne Knubbel op et Kanapee, dann eine op et gode Büffet, dann widder eine op der Desch. Au wih, jetz loorte der Vatter noh bovve. Uns woodt et andersch. Flöck hatt unse Vatter begreffe, wie dat Kreppche kumme wor. Dat dä Spargel do bovven an der Zemmerdeck drüg woodt un widder eravkom, domet hatte mer nit gerechent. Dat ävver de Spargelzupp vum Vatter un vun uns god verdaut woodt, doför hät der „Kinderfreund" gesorg.

(Heinz Weber)

[1] *Plafung*: v; (frz. *plafond*), dt. ,Zimmerdecke'
[2] *Strang han*: v; k. ,Kadangs han'

Beton un Glas

Ald widder friss sich en uns Stroß
Der „Fortschredd" met Gewalt:
Beton un Glas, em Üvvermoß,
Grau, klotzig, bläck un kald.

Et türmp sich huh, wähß Stock öm Stock,
Gild als modern un schick.
Em Bunkerstil protz Block an Block
Als Usdrock för uns Zigg.

Met mänchem ahle Jivvel fällt
Ne Reß vun Handwerkskuns;
Wat neu sich us der Schalung pellt,
Uns Stroßebild verhunz.

Jroßkotzichkeit sich präsenteet,
Futtü Jenöchlichkeit.
Em Silo dräump am Engk vum Leed
Mer vun Jeborjeheit.

Zwor hör ich mänche Architek
Em Brußton jitz allt sage:
„Wä su jet schriev, well aldersjeck
Dem Röckschrett noh wal jage!"

Doch Fortschrett hin un Röckschrett her,
Ich kann mich nit dren schecke
Un sinn uns us nem Bunkermeer
Met Vierkantköpp allt blecke!

Met mänchem aale Givvel fällt
'Ne Ress vun Handwerkskuns.
Wat neu sich us der Schalung pellt,
Uns Stroßebeld verhunz.

Großkotzigkeit sich präsenteet,
Futü Genöglichkeit.
Em Silo dräump am Engk vum Leed
Mer vun Geborgenheit.

Zwor hür ich mänche Architek
Em Brusston jetz ald sage:
„Wä su jet schriev, well aldersjeck
Dem Röckschredd noh wall jage!"

Doch Fortschredd hin un Röckschredd her,
Ich kann mich nit dren schecke
Un sinn uns us 'nem Bunkermeer
Met Vierkantköpp ald blecke !

                                          (Gustav Wodarczyk)

Themenliste (Wo et dröm geiht)
1. Knaatsch

Berchem, Peter	E Möschebegräbbnis
	Klatschruse
Braun, Hanns-Georg	Zwiesproch
Dreesen, Jakob	Der kölsche Lohengrin
Gravelott, B.	Kölsche Anatomie
Jansen, Philipp	Kettenreaktion
Pohl, Paul	Jet vum Jüppche
Roesberg, Joseph	Et Schnüsse-Tring
Thill, Christian	Der Groschen em Pott

2. Fierdäg un Johreszigge

Anonym	De Krepp es leer
Berchem, Peter	Chressbaumsleid
	Et Fröhjohr kütt
Blank, Jupp	Krütz ohne Drei
Gath, Gosw. Peter	Zint Määtes
Heger, Heinz	Am Johresengk
	Aprel
Heimbach, Suitbert	Dann es Winter
Klar, Heribert	Et Schängche un der hellige Mann
	Ungeräächte Barbara
Kuhlemann, Joh. Theod.	Der Schneimann sprich
	Hervswind
Paffrath, Heinz	Gebootsdagsrüümcher
Schneider-Clauß, Wilh.	Der eetste Schnei
	November

3. Lier jet drus!

Blank, Jupp	De Sod
Böhle, Lis	Nohbersch-Klaaf
Braun, Hanns Georg	Aal Lavummemädche
	Klei Gittaleedche
	Nevvenbei
Brodesser, Hans	Brud för de Welt
	Eesch wann do laachs
	Mein Godd
	Spillcher

DeNoël, Matthias Jos.	Hännesche om Kirchhoff
	Huusmannskoss
Dreesen, Jakob	Kinderkrätzcher
Heger, Heinz	Dä Herr Computer
Heimbach, Suitbert	Buchping
	Ming eeschte Bich
Klar, Heribert	Vollmond
Korn, Anton	Der Häär hät alles god gemaht
Kuhlemann, Joh. Theod.	Der Nossbaum-Schmitz
Leven, Peter	Memoire vun ener Kuventsmöhn
Martin, Cilli	Nöttelefönes
Pohl, Paul	Et Glöck
Räderscheidt, Wilh.	De Geiß wollt 'ne lange Stätz han
Schneider-Clauß, Wilh.	Ald widder op eneuts
Weber, Heinz	De Spargelzupp
Wodarczyk, Gustav	Beton un Glas

4. Wie mer sich gään han kann

Block, Christina	Et "bläck Lädi"
Braun, Hanns Georg	Ovends am Beddche
Brodesser, Hans	Et Malheurche
Hoßdorf, Wilhelm	Am Römertoon 'ne Kreegsmann stundt
Jansen, Philipp	Emanzipation
Kuhlemann, Joh. Theod.	Määl ov Nachtigall
Marx, Fritz	Der eetste Strigg
Richarz, Ann	Troor

5. Gewende un Bruch

Block, Christina	Däm Fressklötsch si Schwester
	Versoffe Genie
Heger, Heinz	Et Büddche
Jansen, Philipp	Kunsgenoss
Räderscheidt, Wilh.	Amerau, god Naach
Roesberg, Joseph	Karesselchesleed
Schneider, Albert	Kölsch Hännesche
Schneider-Clauß, Wilh.	Fastelovend kütt eraan

Titel der Texte (alphabetisch)

	Seite
Aal Lavummemädche (Braun, Hanns Georg)	52
Ald widder op eneuts (Schneider-Clauß, Wilh.)	176
Am Johresengk (Heger, Heinz)	96
Am Römertoon 'ne Kreegsmann stundt (Hoßdorf, Wilh.)	106
Amerau, god Naach (Räderscheidt, Wilh.)	152
Aprel (Heger, Heinz)	88
Beton un Glas (Wodarczyk, Gustav)	204
Brud för de Welt (Brodesser, Hans)	54
Buchping (Heimbach, Suitbert)	102
Chressbaumsleid (Berchem, Peter)	16
Dä Herr Computer (Heger, Heinz)	92
Däm Fressklötsch si Schwester (Block, Christina)	34
Dann es Winter (Heimbach, Suitbert)	104
De Geiß wollt 'ne lange Stätz han (Räderscheidt, Wilh.)	154
De Krepp es leer (Anonym)	14
De Sod (Blank, Jupp)	32
De Spargelzupp (Weber, Heinz)	200
Der eetste Schnei (Schneider-Clauß, Wilh.)	180
Der eetste Strigg (Marx, Fritz)	142
Der Groschen em Pott (Thill, Christian)	186
Der Häär hät alles god gemaht (Korn, Anton)	122
Der kölsche Lohengrin (Dreesen, Jakob)	78
Der Nossbaum-Schmitz (Kuhlemann, Joh. Theod.)	130
Der Schneimann sprich (Kuhlemann, Joh. Theod.)	134
E Möschebegräbnis (Berchem, Peter)	24
Eesch wann do laachs (Brodesser, Hans)	56
Emanzipation (Jansen, Philipp)	112
Et bläck „Lädi" (Block, Christina)	38
Et Büddche (Heger, Heinz)	90
Et Fröhjohr kütt (Berchem, Peter)	18
Et Glöck (Pohl, Paul)	148

	Seite
Et Malheurche (Brodesser, Hans)	56
Et Schängche un der hellige Mann (Klar, Heribert)	120
Et Schnüsse-Tring (Roesberg, Joseph)	164
Fastelovend kütt eraan (Schneider-Clauß, Wilh.)	170
Gebootsdagsrüümcher (Paffrath, Heinz)	146
Hännesche om Kirchhoff (DeNoël, Matthias Jos.)	62
Hervswind (Kuhlemann, Joh. Theod.)	124
Huusmannskoss (DeNoël, Matthias Jos.)	70
Jet vum Jüppche (Pohl, Paul)	150
Karesselchesleed (Roesberg, Joseph)	160
Kettenreaktion (Jansen, Philipp)	114
Kinderkrätzcher (Dreesen, Jakob)	74
Klatschruse (Berchem, Peter)	20
Klei Gittaleedche (Braun, Hanns Georg)	44
Kölsch Hännesche (Schneider, Albert)	180
Kölsche Anatomie (Gravelott, B.)	84
Krütz ohne Drei (Blank, Jupp)	28
Kunsgenoss (Jansen, Philipp)	116
Määl ov Nachtigall (Kuhlemann, Joh. Theod.)	126
Mein Godd (Brodesser, Hans)	56
Memoire vun ener Kuventsmöhn (Leven, Peter)	138
Ming eeschte Bich (Heimbach, Suitbert)	98
Nevvenbei (Braun, Hanns Georg)	46
Nohbersch-Klaaf (Böhle, Lis)	40
Nöttelefönes (Martin, Cilli)	142
November (Schneider-Clauß, Wilh.)	174
Ovends am Beddche (Braun, Hanns Georg)	46
Spillcher (Brodesser, Hans)	60
Troor (Richarz, Ann)	158
Ungeräächte Barbara (Klar, Heribert)	118
Versoffe Genie (Block, Christina)	36
Vollmond (Klar, Heribert)	122
Zint Määtes (Gath, Gosw. Peter)	84
Zwiesproch (Braun, Hanns-Georg)	48

Kurzbiographien der Autoren

Berchem, Peter,
geb. 23.03.1866 in Köln, gest. 30.12.1922 in Köln.
Er war Volksschullehrer in Köln-Bayenthal und im Vringsveedel; Mundartautor mit Schwerpunkt auf Lyrik und Kurztexten. Er war der erste bedeutende Mundartautor Kölns und seit 1917 Ehrenmitglied des Heimatvereins Alt-Köln.

Blank, Jupp,
geb. 03.07.1904 in Köln-Dellbrück, gest. 30.04.1979 in Köln-Dellbrück.
Er war zunächst Drogist, seit 1945 Verwaltungsangestellter bei der Stadt Köln. Er schrieb Vers- und kleine Prosatexte auf Kölsch, vorrangig für den Kölner Stadt-Anzeiger. Er verstand sich als erster rechtsrheinischer Kölner Mundartautor.

Block, Christina, geb. Klöcker
geb. 28.12.1914 inKöln-Ehrenfeld, gest. 2003.
Einzelhandelslehre, Heirat und Evakuierung. 1962-1975 war sie Angestellte bei der Stadtverwaltung. Sie begann mit dem Kölsch-Schreiben im Jahre 1950 im Rahmen eines Wettbewerbs für Hänneschen-Stücke, in dem sie den ersten Preis gewann. Seit 1977 hatte sie Kontakt zu anderen Mundartautoren, insbesondere im Heimatverein Alt-Köln. Sie schrieb Verstexte und kleinere Prosa.

Böhle, Lis, geb. Böhle (eigentlich Elisabeth Schmitt),
geb. 31.07.1901 in Köln-Nippes, gest. 29.10.1990 in Troisdorf.
Sie arbeitete früh für den Rundfunk, als Autorin von Unterhaltungssendungen und kölschen Hörspielen. Seit den 1930er Jahren schrieb sie kölsche Gedichte und Kurzerzählungen, vorwiegend für den Kölner Stadt-Anzeiger. Seit 1939 erschienen ihre Texte in Buchform, die Rundfunksendungen blieben ungedruckt. Sie war Jahrzehnte hindurch die Chronistin des kölschen Alltaglebens. Die letzten Monate ihres Lebens lebte sie in einem Pflegeheim in Troisdorf.

Braun, Hanns Georg,
geb. 23.04.1890 in Köln, gest. 07.07.1976 in Wuppertal-Vohwinkel.
Er besuchte die Düsseldorfer Kunstakademie, danach nahm er das Studium der Kunst- und Literaturgeschichte in Bonn und München auf. Graduierung zum Dipl.-Bibliothekar in Leipzig. 1934-1955 war er in dieser Funktion Leiter der Stadtbücherei in Solingen-Ohligs. Er schrieb Novellen, Lyrik und Mundartdichtung aller Art.

Brodesser, Hans,
geb. 16.08.1917 in Köln-Mülheim, gest. 16.10.1987 in Köln-Dünnwald.
Er war Postamtsrat und schrieb Divertissementchen für die „Cäcilia Wolkenburg" (Kölner Männer-Gesangverein) sowie kölsche Verstexte, Prosa, vor allem aber Hörspiele, darunter eine Serie heiterer Krimis um Kommissar Klütsch und sein Team. Er engagierte sich in der „Gruppe Rheinischer Mundartschriftsteller".

DeNoël, Matthias Joseph,
geb. 28.12.1782 in Köln, gest. 18.11.1849 in Köln.
Er war ein begabter Zeichner und Maler. 1802/03 ging er auf Studienreise nach Paris und Kunstreise nach Utrecht. 1805 gestaltete er das Schauspielhaus in der damaligen Schmierstraße, jetzt Komödienstraße. Er engagierte sich für das „Hänneschen" und war Mitbegründer des Festkomitee des Kölner Karnevals von 1823 e. V. Er war Stadtrat, Kunstsammler, 1. Konservator der Sammlung Wallraf sowie Verfasser von Gedichten, Fastnachtsspielen und stadtgeschichtlichen Beiträgen. Er galt als einer der ersten Kölner Mundartdichter: *Alaaf et kölsche Drickesthum* war der erste kölsche Liedtext im neuen Karneval.

Dreesen, Jakob,
geb. 25.04.1842 in Köln, gest. 16.01.1907 in Köln.
Er war Angestellter der Kölner Stadtverwaltung und kam über den Karneval zur Mundartliteratur, dann auch zum Journalismus und zur Publizistik. Er lieferte Beiträge zu lokalhistorischen Themen in der Kölner Tagespresse, schrieb hochdeutsche und kölsche Texte und seit 1899 parodistische Erzähllieder nach Opern und Dramen (besonders erfolgreich: *Lohengrin*).

Gath, Goswin Peter (Pseudonym: Schang vum Vugelsang; Georg Gadner),
geb. 04.10.1898 in Köln, gest. 15.10.1959 in Köln.
Er war Lyriker und Erzähler, seit 1935 Hörspielautor; später vornehmlich Sammler und Nacherzähler von Sagen, Legenden, Anekdoten, besonders aus Köln und dem Rheinland. Nach dem Krieg war er mehrere Jahre Mundart-Mitarbeiter des Kölner Stadt-Anzeigers. Unter seinem Pseudonym veröffentlichte er 1952 eine Reihe von Beiträgen für die „Alt Köln Heimatblätter" und die Kölnische Rundschau.

Gravelott, B. (anagrammatisches Pseudonym für Albert Vogt; auch: T.Vogelbart, Bela v. Grott u.a.),
geb. 21.02.1922 in Köln-Mauenheim, gest. 17.02.1998 in Köln-Ossendorf.
Besuch der Volksschule und später Industriekaufmann. Tätigkeit in Porz, dann Arbeitsdienst, Krieg, Gefangenschaft, 1953 Rückkehr nach Köln, wo er bei mehreren Versicherungskonzernen tätig war. Er schrieb 1963/64 ein kölsches Krippenspiel für die Schule seiner Töchter und wurde anschließend gedrängt, nicht nur dieses Spiel zu veröffentlichen, sondern als Mundartautor aktiv zu bleiben. Er setzte neue Akzente mit kölschen Parodien und Travestien und mit einer erzählerischen Darstellung der Kölner Stadtgeschichte am Leitfaden der Generationen der erfundenen Familie Fischer. Daneben schrieb er Hörspiele, Spielstücke fürs „Hänneschen" und für die „Kumede", Kinderlieder, Sprachspielereien und vieles mehr. Er war einer der vielseitigsten und produktivsten Mundartautoren Kölns und gründete 1976 sogar seinen eigenen Verlag.

Heger, Heinz,
geb. 05.08.1912 in Köln, gest. 14.10.1985 in Köln-Merheim.
Er war in der Versicherungsbranche tätig und vier Jahre in Kriegsgefangenschaft, danach Handelsvertreter für Textilien. Erste Veröffentlichung seit 1975 in der „Kirchenzeitung für das Erzbistum Köln" und Mitarbeiter am „Kölsche Jebettboch ‚Dem Här zo lhre'". 1984 Mitinitiator des „Mittwochkreises" im Heimatverein Alt-Köln. Er schrieb vorwiegend Lyrik.

Heimbach, Suitbert,
geb. 10.11.1894 in Köln, gest. 27.05.1969 in Köln.
Schüler und Lehrer der Krieler Volksschule. 1945 Lehrer an der Volksschule Machabäerstraße, daselbst Konrektor. Setzte sich stets für Heimatkunde und für den Schulkarneval ein. Von 1956-1969 war er Mundart-Mitarbeiter der „Kirchenzeitung für das Erzbistum Köln". Er schrieb Lyrik, Prosa und Stücke für die „Kumede".

Hoßdorf, Wilhelm,
geb. 17.04.1890 in Köln, gest. 09.12.1962 in Köln.
Er war seit 1910 ca. 40 Jahre lang Lehrer an Sülzer Volksschulen, unterbrochen durch seinen Einsatz im 1. Weltkrieg. Von 1957-1962 Mundart-Mitarbeiter der „Kirchenzeitung für das Erzbistum Köln". Als mundartlicher Erzähler, Lyriker, Verfasser von Liedern und Spielstücken (leider ungedruckt) machte er sich einen Namen.

Jansen, Philipp (Pseudonym: Düres),
geb. 05.03.1908 in Mödrath (heute: Kerpen-Mödrath), gest. 27.08.1993 in Dormagen.
Er war Kapellmeister und Chorleiter in Köln sowie Musikdirektor und Organist in Regensburg. Er schrieb von 1927-1939 hochdeutsche und kölsche Humoresken für diverse Kölner Zeitschriften und hatte verschiedene Stellen als Organist und Chorleiter, u.a. in Pulheim-Sinnersdorf inne. Seit 1956 schrieb er wieder kölsche Texte in Vers und Prosa, vorwiegend für die Landausgabe der Kölnischen Rundschau.

Klar, Heribert,
geb. 17.08.1933 in Trier, gest. 04.06.1992 in Köln-Longerich.
Zunächst wohnhaft in Neumagen, Internat in Gerolstein, Abitur 1954 in Prüm; danach Ausbildung zum Rechtspfleger in Köln. Als Justizoberamtsrat wurde er 1991 in den vorzeitigen Ruhestand versetzt. Er engagierte sich in Pfarrgemeinden und Vereinen (u.a. im Gürzenichchor, im Heimatverein Alt-Köln), später auch in der „Akademie för uns kölsche Sproch". Um 1960 begann er mit dem Schreiben kölscher Texte und veröffentlichte in fast allen literarischen Gattungen. Er war vielfältig aktiv als Herausgeber und Vorwortverfasser, Rezensent und Chronist, Referent, Jurymitglied und Organisator. Von 1981 bis zu seinem Tode war er Vorsitzen-

der der wiederbelebten „Gruppe Rheinischer Mundartschriftsteller". 1993 wird in Köln-Pesch der Heribert-Klar-Platz eingeweiht und seit 1994 gibt es den Heribert-Klar-Preis.

Korn, Anton,
geb. 29.06.1860 in Köln, gest. nach 1918 (genaues Datum unbekannt).
Er lernte die Buchdruckerkunst in Berlin und Leipzig und war danach über 40 Jahre bei J.P. Bachem in Köln tätig. Von 1909-1913 war er Archivar im Heimatverein Alt-Köln. Er verfasste eine Reihe von kölschen Verstexten.

Kuhlemann, Johannes Theodor (Pseudonym: Ithaka),
geb. 04.11.1891 in Köln-Ehrenfeld, gest. 09.03.1939 in Köln.
Er schrieb frühe expressionistisch-hymnische Dichtungen. Nach 1918 war er Redakteur und Musikkritiker in Saarbrücken und nach seiner Rückkehr nach Köln im Tabakmuseum tätig. 1928 Zusammenarbeit mit Franz Goebels bei der Revue „D'r zweite halve Hahn", der ihn zur Mundartdichtung anregte. Er veröffentlichte kölsche Gedichte und kulturhistorische Beiträge im Stadt-Anzeiger. In Köln widmete man ihm eine Straße.

Leven, Peter
geb. 12.03.1796 in Köln, gest. 15.04.1850 in Köln.
Er war Kaufmann und Mitbegründer des romantischen Karnevals von 1823. Von 1835-1846 war er Sprecher des „Festordnenden Komitees" und ab 1842 Präsident der „Großen Karnevals-Gesellschaft". Er hat die Vorform der „Bütt", einen Kinder-Laufkorb, erfunden und ist Autor einiger mundartlicher Liedtexte.

Martin, Cilli, geb. Cäcilie Arenz,
geb. 09.03.1910 in Köln, gest. 26.05.2006 in Köln.
Sie war Schulsekretärin und Verwaltungsangestellte bei der Stadt Köln. Erste Veröffentlichung 1970 in der „Kirchenzeitung für das Erzbistum Köln", später in anderen Periodika und Anthologien. Sie schrieb überwiegend Verstexte und veröffentlichte ihr erstes Mundartbuch im Jahre 1978. Von 1974-1999 war sie Kölsch-Kolumnistin der Kölnischen Rundschau. Sie gewann zahlreiche Mundartwettbewerbe. 1994 erhielt sie den Heribert-Klar-Preis.

Marx, Fritz,
geb. 02.03.1853 in Köln, gest. 17.05.1923 in Köln.
Biographische Details sind nahezu unbekannt. Er gehörte 1882 zu den Mitbegründern der „Großen Kölner Karnevalsgesellschaft". Er war Mundartautor, vor allem Lyriker.

Paffrath, Heinz,
geb. 23.03.1901 in Köln, gest. 01.05.1979 in Köln.
Er war Lagerarbeiter und später Vorsitzender bei der Kölner Siemens-Niederlassung. Seit 1945 schrieb er zahlreiche kölsche Lieder, Gedichte und Prosatexte. Seit 1949 war er Vorstandsmitglied des Heimatvereins Alt-Köln, seit 1970 Ehrenmitglied.

Pohl, Paul,
geb. 07.04.1881 in Köln, gest. 04.07.1916 in Verdun (gefallen).
Von Beruf war er Lithograph. Seit 1912 Mitglied im Vorstand des Heimatvereins Alt-Köln; hier wurde er durch Rezitationen zu eigenen Gedichten angeregt, von denen jedoch lediglich vier erhalten sind.

Räderscheidt, Wilhelm (Pseudonym: Willy Köhne, Ohm Will),
geb. 08.08.1865 in Köln, gest. 06.07.1926 in Köln.
Zunächst war er Volks- und Mittelschullehrer, später Handelsschuldirektor in Köln und zeitweise Mitglied des Stadtrats. Unter dem Pseudonym „Willy Köhne" schrieb er zunächst einige Liedtexte für den Karneval, betreute dann in der Zeitschrift „Jung-Köln" unter dem Pseudonym „Ohm Will" die Mundart-Rubrik „Kölsche Klaaf". Hierdurch hatte er großen Einfluss auf andere Mundartautoren, den er zu einer von Fritz Hönig abweichenden Schreibregelung nutzte. Er wurde als Mundartautor mit mehreren Preisen ausgezeichnet, war Ehrenmitglied im Heimatverein Alt-Köln und trug wesentlich zur Wiederbelebung der Kölnischen Puppenspiele bei, für die er mehrere Stücke schrieb.

Richarz, Ann,
geb. 09.02.1900 in Köln, gest. 01.03.2002.
Sie war eine Zeitlang Gastwirtin im Vringsveedel. Sie veröffentlichte erste Texte unter dem Namen „Ann Frank"; später schrieb sie längere Texte für die Kölnische Rundschau. Nach einigen Jahren in Bonn wohnte sie dann im Caritas-Wohnheim An St. Georg. Als bekannte Mundartautorin schrieb sie auch hochdeutsche Texte.

Roesberg, Joseph,
geb. 31.08.1824 in Köln, gest. 23.07.1871 in Köln.
Von 1845-1863 war er Inhaber der Weinwirtschaft „Zum Hahnen" und aktiv im Karneval als Liederdichter. Es gelang ihm als erster Kölner Liedermacher, die Grenze vom Karnevals- zum Volkslied zu überspringen.

Schneider, Albert
geb. 28.06.1905 in Köln, gest. 27.06. 1985 in Köln-Sülz.
Er erhielt früh Geigen- und Klavierunterricht und war musikalischer Berater des Bühnenvolksbundes. Seit 1941 Lehrer, dann Professor an der Staatlichen Hochschule für Musik und Komponist. 1964/65 gründete er den Singkreis des Heimatvereins Alt-Köln, den er als Kursus an der VHS weiterführte. Er vertonte zahlreiche mundartliche Texte (so z. B. von Berchem, Böhle, Braun, Gath, Hönig, Paffrath, Schneider-Clauß). Für die Vertonung seiner eigenen Texte prägte er den Begriff „Volkstumslieder". 1964 komponierte er zwei Musicals für den WDR. Er war Ehrenmitglied des Heimatvereins Alt-Köln.

Schneider-Clauß, Wilhelm (eigentlich Wilhelm Schneider, Pseudonym: A. Kestes, Wilhelm Clauß),
geb. 29.01.1862 in Köln, gest. 07.11.1949 in (Köln-)Junkersdorf.
Studium der Medizin und Philologie (Dr.phil.), Lehrer und Schulleiter (u.a. eines Internats in Kerpen). Seit 1889 schrieb er hochdeutsche und kölsche Karnevalslieder für die „Große Karnevalsgesellschaft". Während seiner akademischen Laufbahn hatte er verschiedene Stellen als Studienrat und Professor inne. Seine literarischen Werke umfassen Mundartdichtungen, Theaterstücke (u. a. für das Divertissementchen und das Hänneschen). Im Karneval war er unter dem Namen „Rutsteff" bei den Roten Funken aktiv, deren Präsident er 1923 und 1931/32 war. In den 1930er Jahren veröffentlichte er fast ausschließlich in Zeitungen und Zeitschriften. Er war der Herausgeber der ersten Mundart-Anthologie, Erzähler, Dramatiker und Lyriker in Hochdeutsch und Kölsch. 1909 wurde er Ehrenmitglied des Heimatvereins Alt-Köln.

Thill, Christian,
geb. 31.01.1865 in Köln, gest. 19.10.1927 in München.
Er war Schneidermeister und zeitweise Leiter für das Schneiderhandwerk in Köln, ging aber später aus familiären Gründen nach München. Er schrieb zunächst Liedtexte für den Karneval, dann schnell hintereinander (1912-1918) Prosa- und Verstexte.

Weber, Heinz (Pseudonym: Ohm Hein),
geb. 14.08.1909 in Köln, gest. 22.08.1987 in Köln-Rodenkirchen.
Nach einer Ausbildung im väterlichen Schifffahrtsbetrieb („Weber-Schiffe") studierte er Jura (Dr. jur.). Er war dann Reedereikaufmann, schließlich Leiter der Transportabteilung einer Versicherung. Er veröffentlichte Artikel in Zeitungen und Zeitschriften, vorwiegend zu Themen der Orts- und Regionalgeschichte (Rheinschifffahrt) und schrieb mundartliche Texte, vorwiegend in Prosa.

Wodarczyk, Gustav,
geb. 21.08.1921 in Köln-Dellbrück, gest. 05.04.1985 in Köln-Dellbrück.
Nach seiner Kriegsgefangenschaft absolvierte er die Meisterprüfung als Schmied. Seit 1973 schrieb er Verse und einige Prosatexte auf Kölsch, veröffentlichte in Zeitungen und Zeitschriften und gewann 1977 einen vom Sonntags-Express gesponserten Schreibwettbewerb in Kölsch, später auch in Düsseldorf in der Sparte Mundart.

Unbekannter Autor:
„De Krepp es leer"

Über die Herausgeber

Hans-Jürgen Jansen
geb. 1947 in Köln, Studium der Betriebswirtschaft, Steuerberater, später leitende Position in der Assekuranz.
Die Liebe und Sehnsucht nach meiner Heimatstadt Köln brachten mich bald schon zur „Akademie för uns kölsche Sproch". Für deren Belange setze ich mich im Vorstand der „Fründe vun der Akademie för uns kölsche Sproch" tatkräftig ein. Bereits als Jugendlicher sammelte ich Erfahrung als Bandleader und Sänger in Kölner Coverbands. Seit 2005 trete ich mit eigenen Kompositionen und Texten zur Gitarre auf (www.koelnbarde.de). Mein Interesse gilt meiner Heimatstadt, insbesondere der Kölner Geschichte sowie Kölner Sagen und Legenden.

Dr. Rudi Renné
geb. 1937 in Köln, verheiratet, zwei Kinder. Lehrer am Gymnasium. Bis 2001 Fachleiter an Studienseminaren für die Lehrerausbildung an Gymnasien für Englisch und Latein; ab 2001 Dozent an der VHS-Bergheim.
Neben der Unterrichtstätigkeit Erstellung von Unterrichtsmaterialien für die gymnasiale Oberstufe im Fach Englisch.
Aus echt kölscher Familie stammend, wollte ich die Liebe zu meiner Heimatsprache über die Zeit retten und legte 2005 das Kölsch-Examen an der „Akademie för uns kölsche Sproch" ab. 2006 Erwerb des Kölsch-Diploms. Seit 2007 Seminarleiter an der „Akademie för uns kölsche Sproch".
Daneben gibt es aber noch Hobbys: Uns kölsche Sproch, (Turnier-)Tanzsport, Schwimmen.

Literaturliste

Bhatt, Christa
2002   *Kölsche Schreibregeln*, Akademie för uns kölsche Sproch (Hrsg.), Bachem Verlag, Köln

Bhatt, Christa & Herrwegen, Alice
2005   *Das Kölsche Wörterbuch*, Akademie för uns kölsche Sproch (Hrsg.), Bachem Verlag, Köln

Eco, Umberto
2003   *Quasi dasselbe mit anderen Worten*, Hanser Verlag, München

Glasner, Peter
2002   *Die Lesbarkeit der Stadt*, 2 Bde, DuMont Verlag, Köln

Herrwegen, Alice
2002   *De kölsche Sproch*, Akademie för uns kölsche Sproch (Hrsg.), Bachem Verlag, Köln

Hönig, Fritz
1905   *Wörterbuch der Kölner Mundart*, Bachem Verlag, Köln

Kleinertz, Everhard
2000   *Das Kölner Autoren-Lexikon*, 2 Bde, Emons Verlag, Köln

Signon, Helmut
1975   *Alle Straßen führen durch Köln*, Greven Verlag, Köln

Wilhelm, Jürgen (Hrsg.)
2005   *Das Grosse Köln-Lexikon*, Greven-Verlag, Köln

Winter, Stefan
2003   *Kölsches Synonymwörterbuch*, Akademie för uns kölsche Sproch (Hrsg.), Bachem Verlag, Köln

Wrede, Adam
1965[3]   *Neuer Kölnischer Sprachschatz*, 3 Bde, Greven Verlag, Köln

MUNDART

Kölsch lernen – auf amüsante Art!

Alice Herrwegen
MER LIERE KÖLSCH – ÄVVER FLÖCK
Intensivkurs der kölschen Sprache
168 Seiten mit 22 Abbildungen
gebunden, mit Lösungsheft
19,5 x 21 cm
ISBN 978-3-7616-2032-8

DIE ÜBUNGS-CD ZUM BUCH!
Laufzeit: 116,5 min
ISBN 978-3-7616-2322-0

Alice Herrwegen
MER LIERE KÖLSCH – ÄVVER HÖÖSCH
Elementarkurs der kölschen Sprache
324 Seiten mit 30 Illustrationen
gebunden, mit Lösungsheft
19,5 x 21 cm
ISBN 978-3-7616-2201-8

Weitere Informationen finden Sie unter www.bachem.de/verlag!

J.P. BACHEM VERLAG
www.bachem.de/verlag

MUNDART

Die kölsche Sproch – ganz systematisch!

3., überarbeitete Auflage

Christa Bhatt, Alice Herrwegen
DAS KÖLSCHE WÖRTERBUCH
Kölsche Wörter von A-Z

1440 Seiten, kartoniert
19,5 x 21 cm
ISBN 978-3-7616-2358-9

Christa Bhatt
KÖLSCHE SCHREIBREGELN
Vorschläge für eine Rechtschreibung des Kölschen

104 Seiten, gebunden
19,5 x 21 cm
ISBN 978-3-7616-1605-5

Alice Herrwegen
DE KÖLSCHE SPROCH
Kurzgrammatik Kölsch – Deutsch

320 Seiten, gebunden
19,5 x 21 cm
ISBN 978-3-7616-1604-8

Weitere Informationen finden Sie unter www.bachem.de/verlag!

MUNDART

Kölsche Leckerbissen für **Groß** und Klein!

Hans-Jürgen Jansen, Rudi Renné
SAG, VERZÄLL ENS
Eine Gegenüberstellung älterer kölscher Texte, Band 1
224 Seiten, gebunden
12,5 x 21 cm
ISBN 978-3-7616-2293-3

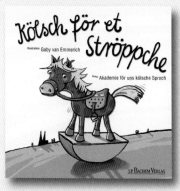

Illustriert von Gaby van Emmerich
KÖLSCH FÖR ET STRÖPPCHE
Pappbilderbuch
20 Seiten
15 x 15 cm
ISBN 978-3-7616-2295-7

Weitere Informationen finden Sie unter www.bachem.de/verlag!

J.P. BACHEM VERLAG
www.bachem.de/verlag